历史文化街区及其建设发展研究

王建平◎著

北方文艺出版社

图书在版编目（CIP）数据

历史文化街区及其建设发展研究 / 王建平著 . -- 哈
尔滨：北方文艺出版社，2021.9
ISBN 978-7-5317-5206-6

Ⅰ．①历… Ⅱ．①王… Ⅲ．①城市道路—研究—河南
Ⅳ．① K926.1
中国版本图书馆 CIP 数据核字（2021）第 169521 号

历史文化街区及其建设发展研究
LISHI WENHUA JIEQU JIQI JIANSHE FAZHAN YANJIIU

作　　者：王建平
责任编辑：张贺然
封面设计：弘　图
出版发行：北方文艺出版社
邮　　编：150080
发行电话：（0451）85951921 85951915
经　　销：新华书店
地　　址：哈尔滨市南岗区林兴街 3 号
网　　址：www.bfwy.com
印　　刷：河北盛世彩捷印刷有限公司
开　　本：787mm×1092mm　1/ 16
字　　数：200 千字
印　　张：11.5
版　　次：2021 年 10 月第 1 版
印　　次：2021 年 10 月第 1 次印刷
书　　号：ISBN 978-7-5317-5206-6
定　　价：48.00 元

前　言

　　历史街区往往是一座城市发展的见证，是城市人口最密集、最繁华、最活跃、最具生命力的部分。同时，历史文化街区由于汇聚了历史古迹、重要建筑、风土人情等具有地域特色的文化载体，其独特的街区风貌和文化风格，天然地形成了城市中具有吸引力的旅游资源，成为城市旅游产品的重要组成部分。进入 20 世纪后期，随着城市建设的加快，我国开始了历史上规模最大的"旧城改造"工程，而其中，如何对待已形成的历史街区以及街区内的传统文化，成为许多城市建设规划备受关注的问题。在历史街区"拆"与"留"问题上，各方也进行了激烈的讨论与博弈令人欣慰的是，越来越多的研究人员、规划专家和政府官员，在对待历史文化街区问题上，已经逐渐从"大拆大建，推倒重来"的单一方式，逐步回归到"有机更新，整体保护"理念上来。

　　基于此，本书以"历史文化街区及其建设发展研究"为题，在内容编排上共设置六章：第一章探讨河南历史文化的发源特性、古都特性及其传播发展；第二章讨论文化遗产的重要价值、文化遗产的保护与指导思想、河南文化遗产的保护与发展策略；第三章分析历史文化街区的规划时期与发展、历史文化街区活化与城市形象建构、河南历史文化街区的地方建构与必要性、河南历史文化街区的旅游开发模式；第四章探究开封市双龙巷历史文化街区的生态保护、开封市鼓楼历史文化街区的街道风貌复兴策略；第五章探究洛阳市历史文化街区的街道景观设计、商丘市历史文化街区的街道风貌保护对策；第六章围绕历史文化街区的价值评估体系构建与展示体系构建展开讨论。

　　全书内容丰富详尽，结构逻辑清晰，客观实用，紧密结合我国历史文化，系统梳理和分析了历史文化街区的现代化转变、及其保护对策。另外，注重理论与实践的紧密结合，力图对我国历史文化街区的建设与发展具有一定的参考价值。

　　本书的撰写得到了许多专家学者的帮助和指导，在此表示诚挚的谢意。由于笔者水平有限，加之时间仓促，书中所涉及的内容难免有疏漏与不够严谨之处，希望各位读者多提宝贵意见，以待进一步修改，使之更加完善。

目　录

第一章　河南历史文化重要性诠释

第一节　河南历史文化的发源特性

一、中国原始文化

原始文化即史前文化，大致可分为旧石器和新石器两个历史阶段，新石器时代大约从公元前 8000 年到公元前 4000 年间。裴李岗文化、仰韶文化源于河南，盘古、伏羲、女娲、炎黄、河图洛书等传说也源于河南因此，河南是中国原始文化的发祥地。

（一）裴李岗文化

中原是中国原始文化的发祥地，在裴李岗遗址未发掘之前，考古学还没有把旧石器和新石器这两个阶段的文化衔接起来，即仰韶文化时代和旧石器时代之间，尚有四五千年的空白，这就是早期新石器时代文化之谜。这个谜随着裴李岗遗址的发现，终于被解开了。这样中原地区新石器时代可以完整地划分为裴李岗文化期（前 5600—前 4900 年）、仰韶文化期（前 5000—前 3000 年）、龙山文化期（前 2800—前 2300 年）。

裴李岗遗址位于新郑市西北约 8 公里处的裴李岗村，遗址西南临双洎河，高出周围地面约 2 米，面积约 2 万平方米，1977—1979 年曾进行三次发掘，发现大量墓葬、灰坑等遗迹和遗物，经对出土文物进行 14C 测定，表明距今已有 8000 年左右，早于仰韶文化 1000 多年。

裴李岗遗址曾发现了村落遗址、窑穴、陶窑、墓葬等。裴李岗文化已经是农业为主导的文化，是已知的最早的新石器时代文化。除新郑市裴李岗遗址外，河南中部有多处裴李岗文化遗址，主要分布在伏牛山麓与黄河冲积平原的接壤地带，前后共发现 70 余处。在舞阳贾湖裴李岗文化遗址中出土了中国最早的文字雏形，中国最早的酿酒遗址以及世界上年代最早、保存最完整的骨笛，比埃及出现的笛子早 2000 年。在新郑裴李岗文化遗址中出土的石磨盘和磨棒，是中国最早的粮食加工工具。

裴李岗遗址是中国新石器时代的早期文化遗存，是中国新石器时代考古的重大突破，填补了中国新石器时代早期文化的空白，被考古界命名为"裴李岗文化"，被国务院列为全国重点文物保护单位。现存裴李岗文化堆积东西长约 300 米，南北宽约 250 米，总面积 5 万～6 万平方米。2018—2020 年发掘确认，在遗址西部存在丰富的旧石器晚期遗存，堆积厚度超过 2.25 米。现确认旧石器遗存面积南北宽约 60 米，东西长约 90 米，面积 5000 平方米以上，调查范围见到的旧石器遗存分布面积约 2 万平方米。

（二）仰韶文化

仰韶村遗址位于渑池县北韶山脚下的仰韶村。村南边有一台地，台地三面临水，饮牛河自东而南缓缓流过，与台地西面的沟溪汇合，环绕台地，宛如半岛。北面不远有韶山，峰峦交错，抬头仰望，心旷神怡，故名仰韶村。这种地势相对较高距水源又近的台地，很适合原始社会先民们生活。我们的祖先 5000 年前就在这里劳动、生活，繁衍生息，创造了灿烂的文明。

仰韶文化是中华原始文化之一，它纵横 2000 里，绵延数千年，在世界范围内来说，也是首屈一指的。仰韶文化出现于母系氏族兴盛繁荣的时代，有发达的定居农耕文化，在各遗址的发掘中就发现了粟、黍、高粱、白菜籽等。氏族中人聚族而居，有公共的墓地，有大量磨制的石器工具及带有彩绘几何形图案或动物形花纹的细泥红陶和夹砂红褐陶。仰韶文化是广泛分布于黄河流域的新石器时代文化之一，是继裴李岗文化之后发展起来的一种文化。

仰韶村遗址被发现后，先后经过 1921 年、1951 年、1980 年共三次发掘，其中出土了大量的陶器和石器等，在国际上引起了极大的轰动。在第一次发掘之后，依据考古惯例，该文化被命名为仰韶文化。1957年1月，仰韶村文化遗址被公布为渑池县文物古迹保护单位。1961年3月4日，国务院公布仰韶村文化遗址为第一批全国重点文物保护单位。仰韶文化遗址的发现作为20世纪中国考古100件大事之一，列入河南十大考古发现之中。

仰韶文化的发现把中国的文明史上溯了整整两千年，它的发掘是中国史前考古的开始，它确认了中国石器时代的存在。自此以后，我国的田野考古发掘才逐步开展起来，逐步成为当前众多学科中的一支重要学科。仰韶文化，作为中国古文化的一个类型，分布非常广泛，在全国尤其是黄河流域，如青海、甘肃、陕西、山西、河北、河南等地都有遗存。河南除了仰韶村遗址外，还有陕县庙底沟、安阳后岗、洛阳王湾、濮阳西水坡、郑州大河村等重要仰韶文化遗址。作为首先发现地，渑池仰韶村遗址被中外考古界誉为"中国古文化圣地"。

2020年9月，研究人员对河南渑池丁村等6处仰韶文化遗址采集的小口尖底瓶陶片样本进行分析检测，在陶片内侧发现了平纹织物印痕，以及手纹，为仰韶时代纺织技术及制陶工艺研究提供了重要物证。

（三）盘古文化

盘古是神话传说中开天辟地的人，在唐代类书《艺文类聚》中，就有"盘古开天"的记载。在某种意义上，盘古开天辟地的神话象征着猿到人的演进历程，原始大自然的造山运动，壮观辉煌，印迹在人类远祖的记忆中，到了文明时代，就衍化为开天辟地的幻想。

河南省泌阳县和桐柏县交界处有盘古山，这一带是盘古神话最为集中的流传区，尤其是盘古爷、盘古奶奶的故事，家喻户晓。在泌阳县城南除广为流传盘古兄妹结亲繁衍后代的故事外，这里还确有盘古山、盘古村，还留有遗物作为街名。当地人为了缅怀盘古爷、盘古奶奶的恩泽，在盘古山上建有祠庙，塑有神像，每年农历三月初三起赶庙会唱戏，男女老幼上山烧香朝拜。在桐柏县讲述盘古神话故事、传唱盘古歌的人也很多，而且在桐柏山顶上有一座极其神似"盘古爷躺像"的山，山上有盘古庙、盘古溪、盘古洞、盘古斧、盘古井等。农历三月初三是盘古生日，自古至今，这里都要举行庙会，山上山下，人流如蚁，锣鼓喧天，香烟缭绕。

新郑市西南有始祖山，又名具茨山，是中原之中，居中国之腹，有中国、河南缩影之象征，山下有盘古城，传说，中华最早的部落氏族首领盘古氏便出生于此。

焦作市有盘古洞、盘古河、盘古岭，盘古洞内有盘古石。传说，盘古洞、盘古石是盘古开天辟地时天崩地裂的原迹遗痕。其实，盘古洞是喜马拉雅造山运动时期的珍贵地质遗迹，洞内完整地保留了造山运动时期的张性断裂构造遗迹，给人以"开天辟地"之感，被专家评为国内难得一见的地质遗迹。

（四）伏羲文化

太昊伏羲氏是中国神话传说中的人类始祖，他和女娲共同繁衍了人类。他结绳为网，制造渔猎工具。同时，他还画八卦、正姓氏、制嫁娶之礼、造琴瑟、始创龙图腾等。其实伏羲是裴李岗人，氏族中的一位领袖人物，是渔猎时代向农业时代过渡、文明程度逐渐提高的一种反映，是华夏文化形成的象征。在河南有关伏羲氏的传说很广泛，并留有很多遗迹。

伏羲建都宛丘，今濮阳有宛丘遗址、画卦台、太昊陵，洛阳孟津有龙马负图寺，巩义、上蔡有伏羲画卦台等遗址，所以，河南是伏羲文化的发祥地。

（五）女娲文化

女娲是传说中中华民族的母亲，在河南流传甚广，女娲的神话传说反映了母系氏族社会的信仰。在神话传说中，女娲、伏羲即东方的夏娃和亚当，相传兄妹二人结合，繁衍了人类，女娲即系人类始母。《说文》曰："娲，古之神，圣女，化万物者也。"除了造人之说外，还有三种传说：其一，她创立了人间男女婚配制度，有"神媒""高媒"之称；其二，她在共工大战祝融，"怒而触不周之山"，造成"天维绝，地柱折"，"四极废，九州裂"时，曾炼"五色石以补苍天"，斩鳖足支撑四极，从而使宇宙化危为安；其三，她是个音乐女神，善"衔叶而啸"，并发明笙簧乐器，使人间有了音乐。历史学家认为，古代传说中的女娲当是六七千年以前，以龙蛇为图腾的氏族酋长，属于仰韶文化时期。

济源市是女娲神话的源头，在这里流传着许多关于女娲抟黄土造人、炼五彩石补天的故事。传说，共工触倒不周山，引起四极废，九州裂，天要塌了，地要裂了。女娲在紧要关头用她无限伸长的蛇尾，卷来了黄河泥浆，用熊熊燃烧着的烈火，炼出了五色石，她不但用五色石补住了苍天，而且还诛除了惯于在天灾人祸中兴风作浪的水妖水怪，断鳌足以立四极，杀黑龙以济冀州，积芦灰以止洪水。济源市王屋山世界地质公园小沟背景区内有一长约3000米的溪床，遍布着大小不等的五色砾石，正好与传说中的女娲补天炼造成的五色石相印证。小沟背景区西侧鳌背山状似一只蛰伏的巨龟，只有龟背，没有四肢，正是女娲"断鳌足以立四极"的印证。小沟背景区内还有娃娃崖，好像无数个光足赤背的泥娃娃在攀岩嬉戏，正是女娲用泥造人的印证。因此说，女娲神话传说源于河南济源。济源市邵原镇已被中国民间文艺家协会命名为"中国女娲神话之乡"，女娲神话（邵原创世神话）已被河南省人民政府公布为首批河南省省级非物质文化遗产保护名录。

在沁阳市神农山上有女娲峰、女娲殿、女娲洞等遗址，这里同样流传着伏羲、女娲兄妹结婚繁衍人类的传奇故事。后人为了纪念两位人类之祖，便将西山叫伏羲峰，东山叫女娲峰，并在合婚石两边半山腰各修建了一座庙宇，西边的叫伏羲殿，供奉着人类的祖先——伏羲；东边的叫老母殿，供奉着人类的始母——女娲。山上还有分身石、造人场、清歌台、八卦坑等与伏羲、女娲神话传说有关的遗迹。

在河南洪县灵山寺附近亦有一座女娲峰。峰高70米，似女像头挽发髻，面慈目祥，身着舒袖褒衣，双肘曲于胸前，庄严肃穆，回眸大地，恰似在观览人间，又若为芸芸众生默默祈祷，真乃天造地设，鬼斧神工，堪称华夏奇观。相传，当年女娲抟黄土造人，并使天下百姓得以安居后，她来到灵山修真，与天下人共颐晚年。一日殷纣王到此降香，祈国泰民安，目睹女娲尊容，顿生歹意，女娲怒不可遏，离开行宫，跑到南山山巅，面对苍天大地长叹："我创造人类，同此凉热，谁知纣王不行正道，竟敢羞辱于我，是可忍，孰不可忍！"时至今日，女娲仍伫立于此，目视人间，因此世人就把此峰叫作女娲峰。

与女娲峰正对的建筑是女娲宫，人们为祭祀她，在此修建了女娲娘娘庙。据明代以来的《淇县志》记载，女娲宫历代皆有修复，现在的女娲宫是近年来修复的。此宫面阔三楹，雄伟壮观。宫内奉彩塑女娲巨像，女娲被世人尊称为创世神、始祖师、保护神。农历三月十五日，被认为是女娲娘娘的圣诞日。

在河南省西华县有女娲城遗址，相传为母系氏族社会时部族首领女娲所筑。早在春秋以前，古人就在西华县城北9公里处的思都岗，筑城祭祀，取名"娲城"。后建女娲阁，分上下两层，上层供女娲，下层供伏羲。女娲身披树叶，赤足散发，左手折鳌，右手持蛇，栩栩如生。每逢春秋之季，丰稔之余，人们从四面八方接踵而来，争相瞻拜祭礼，顶礼膜拜。后经历代增修，娲城已具相当规模，城垣坚实，庙宇堂皇，达到五庙十殿，颇为壮观。宋《太平寰宇记》卷十载："县西二十里，旧传女娲之都，本名娲城。"《读史方舆纪要》卷四十七云："娲城在西华县西，女娲之都也。"清《西华县志》亦有记载："娲城，以为女娲所筑之城，古老相传，其来已久。"

近年根据传统和文献记载，经勘探发掘，找到了该古城址。这一珍贵的古文化遗址，1987年被列为河南省省级重点文物保护单位，女娲阁的修复工作已于1989年竣工。新修复的女娲阁在城中拔地而起，飞檐斗拱，黄瓦镏金，一派古朴肃穆之景象；南有女娲陵，东有龙泉寺，西有悬云寺，相映生辉。

（六）炎黄文化

炎、黄是传说中上古中国的两个领袖。炎是炎帝，黄是黄帝。炎黄被认为是华夏文明始祖，而汉族（汉朝前为华夏族）则称为炎黄子孙。炎帝姜姓神农氏、是炎帝族的首领，黄帝姬姓公孙氏、号轩辕氏。他们居住在中原。与以蚩尤为首领的九黎族发生长期的部落间冲突，最后被迫逃避到涿鹿。

炎帝黄帝族联盟得到黄帝族援助，攻杀蚩尤，打败了蚩尤族，正式定居中原地区，后又与居住在东方的部落、南方的部落一部分逐渐融合，形成了华夏族，汉以后称为汉族。在当时中原地区的民族和部落中，黄帝族的力量较强，文化也较高，因而黄帝族就成为中原文化的代表，炎黄二帝就成为汉族的始祖。

在黄河中下游的新郑市，有黄帝诞生地轩辕丘、诞生过中华第一帝的"有熊国"、诞生过炎帝的新郑华阳城。炎黄二帝长期在此活动留下有20多处遗迹，还流传着炎黄二帝的大量故事和传说。因此，新郑市是华夏民族之根、华夏姓氏之根、华夏文明之根，是海内外炎黄子孙寻根祭祖的圣地。

（七）河图洛书

河图洛书是中华文明的源头之一。相传伏羲氏时，有龙马从黄河出现，身负"河图"，上刻有一到十的自然数图形，伏羲据此创制出八卦。大禹治水时，又有神龟背托"洛书"，从洛水中出现，上刻一到九的自然数排列的正方形图，包含着治理天下的九类大法。河图洛书反映了中华民族祖先卓越的智慧和才华。

关于河图洛书的记载，散见于各种古籍上，说法不一。流传比较普遍的，是自黄帝尧舜后，凡帝王祀河举行的沉璧之礼。

传说，由于黄帝治理有方，人们过着安居乐业的生活，感动了天神，告知洛水中有河图洛书。黄帝带领群臣巡游洛水，发现一条大鱼困在滩上，黄帝便杀五牲祭天求雨，天帝受了感动，下大雨七天七夜，大鱼得救。大鱼游走后黄帝在洛水岸边得到了河图洛书，即《河图视萌篇》，上面用象形文字记载着人类所需用的各种知识，自此始有中华文化。据传，得书的地点就在洛阳汉魏古城南，旧伊洛河汇合处。

唐尧时代，尧带领群臣东游于洛水，偶然把璧玉沉于洛水，忽见洛水之上光芒四起，有灵龟出而复隐。尧便在洛水边修了一个祭坛，选择吉日良时将璧玉沉入河底。于是河中发出光芒，从河水中浮出一个大龟壳，广袤九尺，绿色赤文。壳上平坦处纹理清晰，上有列星之分，七政之度，并记录有各代帝王兴亡之数。此后，易理文字便在人间传开。

到了虞舜时代，舜又习尧礼，沉璧于洛水，赤光起，有龟负图出书，接着，一条卷甲黄龙，舒图书于云畔，赤文绿字以授舜。后舜又禅让于禹，大禹治水时，来到洛水，见神龟负文，列于背，有数自一至九，禹遂因而习之，以成九畴。

二、中国龙文化

中国是龙的故乡，关于龙的传说很悠久。古书上说，庆都感赤龙，孕十四月生尧；黄帝乘黄龙升天；颛顼乘龙而至四海；有娇氏游华阳，神龙感首生炎帝；鲧死三年不腐，剖尸，化为黄龙；中国的人文始祖太昊、女娲皆为人首、龙身或蛇身，所以才有了中国人是龙的传人的说法。

龙的形象是由我国原始氏族社会所开创，经千百年来陆续演变而后固定下来的一种图腾偶像，它浓缩、沉积着原始社会晚期至阶级社会初期人们的强烈感情、思想、信念和期望。龙的形象世代相传，最后成为中华民族的象征，逐渐形成了一种文化现象。

从古至今，中国人一直把龙视为幸福吉祥的寄托和尊严权力的象征，将龙雕于梁柱，塑于墙壁，绣上龙袍。还有"真龙天子""乘龙快婿"等诸多称谓。

据《周易》记载，说龙"鳞虫之长，能幽能明，能细能巨，能短能长，春分而登天，秋分而潜渊"，它时而"飞龙在天"，时而"见龙在田"，显示着风云变幻的巨大创造能力，所以在中国，龙一直被奉为驱邪造福的吉祥物，也体现了中国人的理想、愿望和追求。

龙起源于原始氏族社会的图腾崇拜，龙图腾是由人文始祖伏羲氏在河南淮阳始创，而新郑始祖山是黄帝升龙旗兴龙的传人之地。考古工作者在河南濮阳仰韶文化中发现了中国最早的龙形象，被考古学界誉为"中华第一龙"；在"华夏第一都"偃师二里头遗址发现的大型绿松石龙形器，距今至少3700年，被学者命名为"中国龙"；在安阳殷墟妇好墓中发现了玉龙等，所以说，河南是中国龙文化的发源地。

（一）龙都淮阳

淮阳是龙的发祥地，是中华民族龙图腾的源头，被称为"龙都"。据记载，在6500多年前，人类始祖伏羲定都在宛丘（今淮阳），他所领导的部落当时正处于由母系社会向父系社会过渡的转折阶段。当时的原始氏族部落都以一种动物作图腾，作为这个部落的标志。伏羲氏是以蟒蛇为图腾的部落，先后征服了以雄鹿、鳄鱼、猛虎、苍鹰、巨蜥、红鲤、白鲨、长须鲸为图腾的八大部落，并取蟒蛇的身、鳄鱼的头、雄鹿的角、猛虎的眼、红鲤的鳞、巨蜥的腿、苍鹰的爪、白鲨的尾、长须鲸的须组成一个新的图腾。这个新的图腾体现了华夏九州的大融合，被太昊伏羲氏命名为"龙"。从此，太昊伏羲氏"始定四海之广，制九州"。他把自己统领的九大部落称为"龙师"。他还"以龙纪官"，以龙为尊，中华民族才有了"龙的传人"之称，伏羲氏也被誉为中华民族的"人文始祖"。

龙的图腾是中华民族大统一的象征，它集中了自然界动物之长，上可腾云驾雾，下可遁地入海，变幻莫测，强大无比，表达了中华民族团结胜利的精神。千百年来，世界各地的炎黄子孙，都以龙为自豪，他们不远万里来淮阳龙都祭祖朝拜，以示不忘自己是龙的传人。

（二）中华第一龙

中华第一龙的出土，要追溯到1987年河南省濮阳市为解决工业和城市居民用水，在濮阳县城西南处修建了一座引黄供水调节池，施工中发现一处早期仰韶文化遗址。在一个墓室中部的壮年男性骨架的左右两侧，有用蚌壳精心摆塑的龙虎图案，龙图案身长 1.78 米，高 0.67 米，昂首、弓身、长尾，前爪扒、后爪蹬，状腾飞。虎图案身长 1.39 米，高 0.63 米。虎头微低，圜目圆睁，张口露齿，虎尾下摆，四肢交替，如行走状，形下山之猛虎。墓主人的两侧用蚌壳精心摆塑的龙虎图案，被考古学者验定为中华第一龙。

西水坡仰韶文化遗址面积约 50000 余平方米，在遗址东北部的墓葬中，发现有四组用蚌壳摆砌的龙、虎等动物图案，其中第四组因被灰坑破坏，使摆砌图案看不清楚，其他三组都有龙的形象。

第一组被称为 45 号墓，墓主为一位 50 多岁的男性，墓主骨架居中，在其右侧用蚌壳摆塑一龙，头北面东，昂首弓背，前爪扒，后腿蹬，尾作摆动状，似遨游苍海；在其右侧用畔壳摆塑一虎，头北面西，二目圆睁，张口龇牙，如猛虎下山。此图案与古天文学四象中"东宫苍龙、西宫白虎"的说法相符，天文界的学者认为这一组墓葬是我国最早的一幅天象图。龙和虎的形体完全用大小不一、形状各异的蚌壳砌塑而成，根据蚌壳凸凹对比的特点，巧妙地刻画出龙、虎的威风八面、目光凛凛的神态，立体感强，形象逼真，展示了古代艺术的精华。

第二组位于 45 号墓南 20 米处，是由龙、虎、鹿、蜘蛛组合在一起的蚌塑图案。龙、虎呈首尾南北相反的禅联体，鹿卧于虎背上，蜘蛛位于虎头部，在鹿与蜘蛛之间有一精制的石斧，这组图案是远古巫术活动的遗迹，蚌图中的龙、虎、鹿是道家经典中所说巫师升天的媒介——"三娇"，并有乘龙日行一千、乘虎日行八百、乘鹿日行六百之说。

第三组位于第二组南 25 米处，是一只奔虎和一个骑龙的图案。这与传说"黄帝骑龙升天""颛顼乘龙而至四海"相符。另外，还有飞禽和零星蚌壳散布其间，似日月繁星。人骑龙腾空遨游，非常形象生动，具有很高的美学价值，是我国古代美学史上人兽相伴形象的最早体现。

中华第一龙是我国时代最早、造型最大、形象最逼真的龙的造型，这一重大考古发现轰动了学术界。西水坡蚌龙遗迹的意义，已远远超出考古研究价值本身，堪称考古史上一座不朽的丰碑。

由于天下第一龙的发现，濮阳被称誉为"龙乡""龙源""龙城"。从 2000 年开始，濮阳每年 4 月份都要举行"中华龙文化活动周"。

三、陶瓷文化

河南是中国陶瓷的发明地和古代最大的生产基地之一，早在距今 8000 年前的新石器时代，黄河流域中原地区的先民们就已经掌握了制陶技术，在河南新郑裴李岗遗址中，就发掘出陶窑、窑穴和陶器，距今已有 8000 年左右。到了商代，制陶技术更加成熟，出现了以高岭土为原料，经高温烧成的白陶容器及表面施青釉的釉陶，这就为瓷器的发明奠定了基础。

在安阳殷墟出土的几何纹白陶瓿，是中国最早的白陶器。在郑州市铭功路 2 号商墓中出土了两件较为完整的釉陶器——商代青釉大口尊，经化学分析，完全具备瓷器的特点，被誉为中国瓷器的鼻祖。釉陶器是刚从陶器中脱胎出来，被称为"原始瓷"，这一时期称为瓷器的发生期，在洛阳出土了不少西周时期的原始瓷。原始瓷历经春秋战国、秦朝和西汉，终于在东汉时期达到了中国瓷器的成熟期。东汉王朝建都在洛阳，是全国政治、经济、文化的中心，因而瓷器在河南也有了长足的发展。考古工作者在洛阳烧沟等地先后发现的汉代瓷器，已摆脱早期瓷的原始性，已经接近和符合近代瓷的标准。

唐代是瓷业繁荣发展的鼎盛时期，出现了"南青北白"两大窑派，即北方的白瓷和南方的青瓷。在河南安阳曾发掘出土北朝时期的白瓷和隋代的白瓷。巩义市白冶河窑址是隋唐自贡瓷窑址，为中国白瓷的起源地。在唐代还创造出"花釉"，烧制花釉瓷器的窑址主要分布在河南省，其中鹤壁市鹤壁集古瓷窑遗址，面积达 80 多万平方米。新密西关窑址，是唐代贡瓷窑址，在这里以白釉为主，还有黄釉、黑釉、珍珠地划花及青釉。唐三彩是古代中原地区劳动人民创造的具有独特风格的陶瓷工艺品。唐三彩可能是从汉代绿、黄釉陶器基础上发展而来的，也有的说是从隋朝以前的青瓦陶胎粉彩的基础上发展起来的，到唐代首创为多色釉彩陶塑，后来又不断创新，形成多种釉色彩。我国宋代以后的各种各样的低温轴上彩瓷，大部分都是在唐三彩工艺基础上发展起来的。巩义黄冶唐三彩窑址是中国发现的第一个唐三彩窑址，同时也是生产唐三彩时间最早、持续时间最长、窑址面积最大、产品数量最多、烧造工艺最高级的一处窑址。

宋代陶瓷业继唐代工艺而更为长足发展，是中国瓷业极其辉煌灿烂的历史时期，各地名窑都推出了自己不同风格的产品。尤其是北宋时期，开封是北宋的都城，河南是全国政治、经济、文化中心，在大河南北形成了"汝瓷、官瓷、哥瓷、钧瓷、定瓷"等五大名瓷，其中汝瓷、官瓷、钧瓷均产于河南。元代是中国的瓷业中心，虽然主要在江西景德镇，但河南的瓷器生产仍有规模，钧瓷由宫廷贵族的装饰品逐渐向民用生活瓷器方向发展，开拓了更为广阔的销售市场，形成了以禹县（今河南禹州市）为中心，遍及豫、晋、冀三省的"钧窑系"。

四、青铜文化

青铜器技术的出现及发展，正是中国历史从原始部落奴隶制国家的转变时期，青铜器是作为一种礼制器具而出现的，由此形成青铜文化。中国古代青铜技术的产生和发展主要经历了夏末商初的发明期、商代中期的发展期和商代晚期至西周的鼎盛期三个阶段，青铜铸造业是商代最重要的也是最具代表性的手工业生产部门，因此，商代被称为"青铜时代"。

1959 年考古工作者在河南偃师二里头发掘出一处古遗址，是介于龙山文化晚期和郑州二里岗商代文化之间的古文化，被命名为二里头文化。在二里头文化遗址中，发现有冶铜遗址，这是我国发现最早的冶铜遗址，并出土了不少铜渣、坩埚、陶范残片和青铜器，这些青铜器也是目前考古所见最早的青铜器。

在二里头遗址中发掘出土的青铜酒器铜爵，是中国已知最早的青铜容器，迄今共发现 10 件，造型互有差异。其中 1975 年在这里出土的青铜器长流爵，高 22.5 厘米，流至尾长 35 厘米，壁厚 0.1 厘米，长流、尖尾、束腰、平底，三足细长，有鋬，流近口处有菌状短柱两个，腰部有面宽 1.2 厘米的凹线，两线间横列装饰着 5 个乳钉，胎壁较薄，器表粗糙，纹饰简单，为商代早期遗物，被称为中国最早的青铜器。

二里头文化在河南已发现数十处，经过发掘的有郑州洛达庙、偃师二里头、洛阳东马沟和东干沟、汝州煤山、伊川白元、巩义稍柴等遗址。另外，在禹州、洛宁、嵩县、鄢陵、扶沟、商水和信阳等地也发现有同类遗址，其中伊洛流域和颍水、汝水上游分布相当密集。

二里头遗址位于偃师市西南 9 公里处，南临古洛河故道，北部为今洛河所切断。古文化遗址包括二里头村、圪当村、四角楼、寨后和辛庄 5 个村，面积 375 万平方米。这一带北面有邙山,南面是伊阙,西部的山峦与豫西的丘陵地相连,东部冈岳连接着嵩山,四周环山,中部是狭长形盆地。如今的二里头遗址恰好坐落在伊、洛河之间的夹河滩上面,这里土质肥沃,地势平坦,自然环境十分优越。

二里头遗址内涵非常丰富,出土了大批青铜器、玉器、漆器、石器、象牙器、蚌贝饰和各种精美的陶器,分别用作礼器、乐器、生活用具、生产用具、工艺品等。青铜器绝大多数为墓内的随葬品,包括有爵、鼎、凿、刀、镑、锥、鱼钩、戈、镞、戚、铜铃等,还有牌形铜器和兽面纹盾形铜牌饰等杂器。尤其是用绿松石小片镶嵌成兽面的盾形铜牌,图案色彩斑斓,组合精巧,显得庄严而又威武,凶险而又神秘,写实而又抽象,亦真亦幻,达到了很高的艺术境界,成为二里头文化特有的瑰宝;在二里头还发掘了两座大型宫殿建筑基址。

从遗址的巨大规模和丰富的遗物及大型基址看,表明这里是一座都城遗址,据 14C 测定,其上限不大可能超过公元前 1880 年,其下限要早于公元前 1540 年,因此二里头遗址属于夏代中晚期都城。二里头遗址的发现,为探索国家和文明的起源及夏文化提供了极为重要的实物资料,被认为是中国考古史上的一个重大发现,因而在国内外学术界享有盛誉。1981 年,二里头遗址被国务院列为全国重点文物保护单位,2000 年被评为"20 世纪河南十项重大考古发现"之一,2001 年被评为"中国 20 世纪一百项考古大发现"之一,2004 年被评为"中国十大考古新发现"之一。2020 年 7 月,二里头遗址保护和申遗专家座谈会在市文物局召开。这标志着二里头遗址申报世界文化遗产工作启动。与会专家建议,相关部门要尽快收集筛选相关基础考古材料、二里头地形图及测绘图等资料,编制好申遗文本,争取使遗址早日列入"中国世界遗产预备名单",进而向联合国教科文组织申报世界文化遗产;借鉴国内外考古遗址申遗成功案例,进一步加大人力物力投入,做好二里头遗址的发掘和深入研究,同时加大宣传力度,为申遗成功营造良好氛围;在坚持保护优先的同时,探索对遗址和考古成果进行多元化展示,让历史文化资源进一步"活起来",成为传承历史文化、维系民族精神的强大载体。

五、冶铁文化

春秋战国时期，中国在世界上首先发明了生铁铸造技术。三门峡虢国大墓中出土的中华第一剑，是目前中国发现的第一件铁器制品，其得铁方法是块炼铁。中原地区在冶炼出块炼铁后不久，就炼出了生铁，在登封、西平、新郑、洛阳、信阳、三门峡等春秋战国时代的生铁铸造遗址中出土的实物，证明战国时代铁制生产工具在中原地区已经基本普及。西平县酒店冶铁遗址是我国迄今发现的时代最早、保存最完整、最早用配制的黑色耐火炉壁材料建成的冶铁炉，是我国古代铁匠先师欧冶子、干将首先用"液体还原法"得"可锻铸钢"铸出闻名天下的"棠溪""龙泉"等九大名剑的地方。因此，西平被誉为中国古代的冶铁铸剑圣地。2007年，西平县被中国民间文艺家协会命名为"中国冶铁铸剑文化之乡"和"中国冶铁铸剑文化研究基地"。

河南在汉代已成为中国冶铁技术发展的中心，据《汉书·地理志》记载：汉武帝刘彻于公元前119年实行盐铁官营，在全国有49处，而河南就有6处。目前已经发掘的汉代冶铁遗址就有20多处，其中南阳汉代宛城遗址是中国汉代最大的冶铁中心；巩义铁生沟冶铁遗址，球墨铸铁的发现，把世界球墨铸铁的历史提前了2000多年，在渑池汉魏窖藏出土的铁器，是我国发现最早的铸铁脱碳钢，在郑州古荥镇发掘的汉代椭圆形炼铁炉，是2000年前世界上最大、最高的炼铁炉，比欧美国家早了1800多年。

（一）中华第一剑

1990年2月，在河南省三门峡市北郊的上村岭虢国墓地，考古工作者挖掘出一把西周晚期玉茎铜柄铁铸剑，这是人类最早的人工冶铁物，专家们称誉它为中华第一剑。

这把玉茎铜柄铁铸剑以固体还原法（块炼铁）精心制作而成，铜柄外镶以美玉及绿松石，剑身与柄的结合处也镶有松石片，剑身先用一层丝制品包裹，然后装入用牛皮精制的剑鞘内。虢国墓地是目前我国已清理发掘的规模宏大、等级齐全、保存完好的贵族公墓，是我国唯一的保存完整的西周晚期的墓葬群，已被国务院列为全国重点文物保护单位。

（二）棠溪宝剑

棠溪宝剑因产于河南省西平县的棠溪河畔而得名。棠溪水来自中州四大名泉之一的龙泉，棠溪宝剑是用龙泉水淬火，故又名龙泉宝剑。棠溪宝剑为名剑之冠，由于棠溪宝剑的出现，让中华民族在整个铁器时代都领跑于世界的前列。

（三）酒店冶铁遗址

西平县棠溪河岸边的酒店村附近遗留一座战国时的冶铁竖炉，是迄今世界冶铁史上保存最为完整、历史最为悠久的冶铁遗迹，已被国务院列为全国重点文物保护单位。棠溪河四面环山，有富含铁矿的山石，加上淬火的棠溪水，于是一个规模宏大的冶铁名城和兵器重地发展起来，使这里成为中国古代的冶铁铸剑圣地。

自东周至秦汉晋唐，棠溪地区的冶铁业、铸剑业在1300多年的时间里盛极天下，产业涵盖周边480平方公里的区域，包括今天西平县的西部、遂平县的西北部、舞钢市的全部、舞阳县的东南部、漯河市郾城区的西南部，形成了棠溪城、冶炉东城、冶炉西城、合伯城等四大著名冶铁、铸剑中心（冶市）。这四大冶市都坐落在西平县西南的棠溪河畔。据史料记载，冶市中光铁匠、剑师就有7000人之多。而冶铁业、铸剑业的鼎盛，自然带来商业的繁荣。那时的棠溪河畔十里长街，布满酒肆作坊，商贾、侠客等穿梭其间，今天的西平县酒店村就是因为酒店林立而得名。

酒店战国冶铁遗址位于酒店村南500米处，著名的棠溪、龙泉、干将、莫邪等名剑均在此铸造。遗址至今保存的战国铁炉，系我国至今发现年代最早、保存最完整、最早用配制的黑色耐火炉壁材料建成的铁炉。

位于酒店村附近的冶炉城村，有冶炉城冶铁遗址。遗址东西长700米，南北宽500米，面积35万平方米，如今城区东北角还残留着古城轮廓，城墙高处达7.4米，遗址内含有冶铁残迹和东周、汉代陶片。

（四）宛城冶铁遗址

宛城冶铁遗址位于南阳市区北部瓦房庄附近，东西长600米，南北宽200米，总面积达12万平方米，发现残炼铁炉17座，窑址4座，还有鼓风管和大量耐火材料、锻制铁器、范铸铁器以及生活居地两处。

宛城冶铁遗址是中国汉代规模最大的冶铁中心，已被国务院公布为全国重点文物保护单位。

（五）铁生沟冶铁遗址

铁生沟冶铁遗址位于巩义市南 20 公里处的铁生沟村，为汉代遗铁遗址。该遗址分五个区，西部为冶铁区，东部为铸造区，北部为生活区，南部为通道和贮渣区，青龙山下为矿藏区。遗存的矿井有方井、斜井、竖井和巷道，有采矿用的铁镢和铁锤等工具。共发掘出长方形冶炉、烧结炉、烘干炉、炒钢炉、退火炉等各式炼炉 17 座，还有藏铁坑、配料池、矿石场、房舍等附属设备以及大量铁块、冶铁材料、铁制工具等。出土的铁炉是很好的黑心展性铸铁，铁镢是石墨球化铁。球墨铸铁的发现，把世界球墨铸铁的历史提前了 2000 多年。

六、儒、道、佛文化

（一）儒家文化

儒、道、佛三家，是中国传统文化思想舞台上三支主要力量，也是造就中国传统文化的三大支柱。但就中国传统文化的总体来看，儒家文化在中国传统文化中占主导地位。

儒家是中国学术思想中崇奉孔子学说的学派，先秦学术流派有儒、道、阴阳、法、名、墨、纵横、杂、农等九家，自汉武帝罢黜百家、独尊儒术后，其学说逐渐成为中国封建社会文化主流，它支配着人们的意识和行为，塑造了民族的心理素质和基本精神面貌，从而深深地渗透于我国政治、经济、哲学、文学、史学、艺术、民俗等文化思想领域。由于它的文化价值高，造诣较深，信奉者与学者甚众，故曾被许多人称为"儒教"，将儒、道、佛称为中国三大教。

孔子是儒家学派的创始人。孔子出生于山东，但祖籍是河南夏邑，他曾四次还乡祭祖。孔子周游各国，也都在河南，长达 14 年之久。如今河南境内留有大量的孔子文化遗址。儒家的学术思想源于《易经》，而《易经》则源于河南汤阴。宋代有兼取佛道思想的程朱理学等，这些学说均源于河南，这些学说的创始人也均是河南人。

书院是古代私人或官府所立讲学疑业之所，以研习儒学经籍为主，是儒家思想的主要传播之所。书院始于唐，盛于宋，北宋有白鹿、嵩阳、应天府、岳麓天下四大书院，河南就占有其二（嵩阳、应天府）。另外还有紫云书院、颍谷书院、大梁书院、百泉书院、花州书院、伊皋书院、朱阳书院、南阳书院、明道书院等河南古代重要书院。

从中国奴隶社会第一个王朝夏的建立到封建社会鼎盛时期的北宋王国，先后有20多个朝代，200多个帝王建都在河南，大约3000年河南一直处于全国政治、经济、文化中心，培养造就了不计其数的名儒大家、圣贤名人，作为中国传统社会文化主流的儒学，也由此流播四方，传于后世。

1. 嵩阳书院

嵩阳书院坐落在嵩山南麓的峻极峰下，前有山溪汇流，两侧山峦环抱，环境幽静。它始建于北魏孝文帝太和八年（484年），初名嵩阳寺，是佛教的活动场所。隋代改建为嵩阳观，唐时改为奉天观，是道教活动的场所。后唐清泰元年（934年），经学教育家庞士改为书院，四方求学者络绎不绝。他们不图仕进，在这里精心研读《五经》，共同寻求一种避世隐居的消闲清高生活，使嵩阳书院成为中国古代最高的私立高等学府。五代后周显德二年（955年）改称太乙书院。北宋至道三年（997年），改称太室书院，宋太宗赵炅亲赐书院，首次明确规定了书院的教学内容，并置校官，生徒至数百人。宋仁宗景祐二年（1035年），又加重建，更名为"嵩阳书院"，置院长负责教务，并赐田一顷。后历经金、元、明、清各代重修增建，当时曾有学田1750亩，使这里成为一所历史悠久、规模宏大的官办书院。

嵩阳书院是四大书院中创建最早的一个，被誉为四大书院之首。"程门立雪"的典故便源于此。

嵩阳书院现存建筑布局保留了清代的风格，共有房舍近百间，面积万余平方米。中轴线上从大门到藏书楼，前后五进院落，最前为卷棚式屋顶的大门三间，正楹为先圣殿，次为讲堂，再次为道统祠，最后为藏书楼。中轴线两侧配房分别为程朱祠、丽泽堂、博学斋、书舍等。

先圣殿是当年学生拜谒至圣老师孔子的地方。殿内中央供奉孔子站像，左右两侧为颜回、子思、曾子、孟子四大贤人石刻画像。两山墙上为孔子七十二贤人传略和十二先哲画像。讲堂是程颢、程颐当年为学生讲课的地方。道统祠内供奉着帝尧、夏禹、周公坐像，记述了古代发生在嵩山腹地的三次重大历史事件。藏书楼是古代贮藏"典章"的地方。整个书院建筑大多为滚脊硬山，灰筒瓦，出前檐、廊庑等，与一般寺庙相比，更显得简朴大方，古朴典雅, 蔚然壮观。

2. 应天府书院

应天府书院位于商丘市睢阳区商丘古城的城湖内。由于宋太祖赵匡胤在此发迹, 称商丘为应天府, 故名应天府书院, 商丘旧名睢阳, 故又称睢阳书院。

应天府书院原为五代名儒戚同文讲学之地。宋大中祥符二年(1009 年)应天府曹城出资筑学舍 150 间, 聚书 1500 余卷, 捐给政府, 广招生徒, 朝廷赐额为应天府书院。北宋著名词人应天府知事晏殊曾请大学者范仲淹来此执教, 此后, 元、明、清诸代, 商丘一直保留范仲淹当年在书院的讲堂, 并立有《范文正公讲院碑记》, 建有藏书楼为之纪念。宋仁宗景祐元年(1034 年)改应天府书院为府学, 庆历三年(1043 年)改为南京国子监, 与东京开封和西京洛阳的国子监相互辉映, 成为直属中央的最高学府。

3. 洛阳太学

洛阳太学位于洛阳偃师市佃庄乡太学村, 东汉洛阳城东南开阳门外。太学即国立大学, 是中国古代传授儒家经典的最高学府, 洛阳太学是中国唯一留有遗址可考的古代国立大学。洛阳太学始建于东汉建武五年(29 年), 到汉质帝时太学学生多达 3 万余人, 王充、张衡等都曾就读于洛阳太学。西晋太学两度繁荣, "东越于海, 西及流沙, 并时集万余人"。在 2000 年前中国便有如此规模宏大、师生众多的太学, 在世界上也是独一无二的。

(二)道家文化

道教源于古代的鬼神崇拜和巫术, 秦汉之际的神仙术、阴阳五行术, 再加上汉代的谶纬学说和黄老之术, 便形成了道教诞生的思想基础。到了东汉中期, 人们更进一步地将黄帝、老子神化, 并由尊崇黄帝转而推崇黄帝以后的老子, 从而形成黄老道, 黄老道与方仙道合流, 便成为早期道教的前身。道教以老子的"道"为基本信仰和教义, 以生为乐, 重生恶死。道教追求长生不死的方法, 大大促进了我国气功学、药物学、医学以及冶金学和化学的发展。

道教始祖老子和庄子都是河南人。道教的主要经典, 老子的《道德经》和庄子的《南华经》都源于河南。另外, 道教的其他主要经典如《太平经》《黄庭经》以及《坐忘论》等也都源于河南。道教的名山胜景有"十二大洞天""三十六小洞天""七十二福地"之说，河南的王屋山、嵩山、桐柏山和北邙山为洞天福地，其中王屋山为"十二大洞天"之首。河南曾是道教活动的中心地区，因此有许多著名的宫观庙宇，如鹿邑太清宫、浚县碧霞宫、洛阳上清宫、开封延庆观、南阳玄妙观、济源阳台宫、登封中岳庙等，其中鹿邑太清宫被称为天下道教第一宫，中岳庙是我国现存历史最久、规模最大的道教建筑群之一。

1. 龙虎鹿三骄

在濮阳西水坡仰韶文化遗址中出土了龙、虎、鹿蚌塑图像。45 号墓的墓主足踏北斗，虎星在左，龙星在右，而足踏北斗则是中国道教"踏罡布斗"法事的源头。东晋道士葛洪著的《抱朴子》一书说："若熊乘跻者，可以周流天下，不拘山河。凡乘娇者有三法，一曰龙娇，二曰虎娇，三曰鹿轿……龙娇行最远，其余者不过千里也。"道教的这一观念正是源于史前巫术信仰，而濮阳 45 号墓墓主是个仰韶文化社会中的原始道士或者巫师。45 号墓是已知的中国道教思想的最早源头。

2. 中岳庙

中岳庙坐落在嵩山太室山南麓，背倚黄盖峰，面对玉案山，西有望朝岭，东有牧子岗，群山环抱，景色绝佳。道教视嵩山为神仙洞府所在地和道士修行的佳处，道书上称其为三十六洞天之第六洞天，名曰司马（真）洞天。传说，周朝王子晋就是在这里得道成仙的。据载，自汉张道陵、三国左慈曾住嵩山修道始，历史上曾有西晋、北朝、隋、唐、五代、宋、元等。中岳庙不仅是河南省最大的道教庙宇，而且还是五岳中现存规模最大、保存最完整的道教庙宇。

中岳庙始建于秦，原名太室祠，是祭祀太室山神的场所。汉武帝为了长生不老，热衷于求道访仙，于元封元年（前 110 年）来嵩山礼祭太室祠，行至山峰忽听山呼万岁，遂下令扩建太室祠，使太室祠的身价大增。嵩山传为中岳神居住的地方，自北魏始改太室祠为中岳庙。中岳神，唐时被封为"天中王"，宋代中冠之以"中天崇圣帝"，历代帝王为了固社稷、保圣名都来祭祀，大事告于天，还必告于中岳神。

中岳庙初建于万岁峰上，东汉时移至太室山下，北魏时首迁于玉案山，次迁于峻极峰上，后迁于黄盖峰上。至唐玄宗时，才将庙宇定址于现在的黄盖峰下。宋太祖赵匡胤、宋真宗赵恒都曾按照开封皇宫的形式对中岳庙进行了修建，经过唐宋两代的整修，中岳庙规模宏大，鼎盛一时，有"飞甍映日，杰阁联云"之称。明代中岳庙遭灭顶之灾，大部分建筑被大火烧为灰烬。清乾隆年间，高宗弘历又仿照北京故宫对中岳庙进行了全面修复，因此中岳庙有"小故宫"之称。

中岳庙占地约 10 万平方米，坐北朝南，随山势建殿层层上升，红墙绿瓦，金碧辉煌。殿内中轴线南北贯通，全长 6500 米。最南端是东汉遗留下来的太室阙，向北依次为名山第一坊、遥参亭、天中阁、配天作镇坊、崇圣门、化三门、峻极门、嵩高峻极坊、中岳大殿、寝殿、御书楼共十一进，有各种建筑 400 余间，最北以北魏中岳庙旧址黄盖峰上的黄盖亭为终端。

中岳庙内碑刻如林，古柏如碑，庙内至今尚存汉代至宋代古柏 335 株，中岳庙是五岳中保存古柏最多的道教庙宇。庙内还有东汉至清代的金石铸器 119 件、金石造像 36 座。庙内翠盖蔽日，阴森幽深，有些古柏形象奇特，像卧羊、像猴子、像荷花等。

雄伟壮观的中岳庙充分体现了我国古代劳动人民在建筑艺术上的光辉成就和智慧结晶，为研究我国建史提供了丰富的实物资料，已被国务院列为全国重点文物保护单位。

3. 太平经

太平经为道教最早的经籍，其内容庞杂，言及天地、阴阳、五行、干支、灾异、鬼神以及当时的社会情况等，也有一些篇章反映了劳动人民反对剥削、反对统治者聚敛财物主张自食其力和救穷周急等思想。中国道教最初有由张道陵创立的五斗米道和张角创立的太平道两大派别，他们奉老子为教祖，以《道德经》和《太平经》为主要经典。据记载，《太平经》由东汉末方士于吉创作于太行山南的曲阳河曲阳河在今河南省济源市，现济源市有曲阳湖、曲阳村。

4. 黄庭经

黄庭经为道教和气功经典，是道教上清派开山鼻祖魏华存作。该书讲述了道教养生修炼的原理。魏华存，字贤安，是西晋司徒文康公魏舒的女儿，自幼好道，研读老、庄之书，志慕神仙。24 岁时嫁与修武刘文为妻，后来刘文当了修武县令，魏夫人随刘文住在修武，在那里另辟一室，斋戒起居，后又到云台山、王屋山和沁阳阳洛山、沐涧山继续修炼,在阳洛山修炼42年著成《黄庭经》,在仙界她得了"紫虚元君"道号,被封为"南岳夫人"。现云台山有紫虚洞,沁阳神农山有二仙庙、二仙洞、隐先合、圣水坡、鸣玉亭、魏夫人祠等。

传说,隋末李渊和李世民曾逃到这里,二仙从洞中走出,为其解决了粮草并点化前景,李氏父子曾表示,称帝后定给二仙建造庙宇。李渊称帝后忘却此事,李世民继位后心神不定,忽想起还有欠愿,就决定在这里建造二仙庙。老君闻讯赶忙来抢占这一地盘,结果被二仙以绣鞋设计取胜。尉迟敬德代唐还愿,亲自监工,大兴土木,建成规模宏大的二仙庙,唐太宗赐题"紫虚元君"匾额。二仙庙内供奉魏夫人,因人们尊称她为二神仙,故名二仙庙。庙内至今保存有唐、宋、金、元、明、清碑石200多通。自古至今,每年农历三月为期十五天的二仙庙庙会,吸引河南、山西、河北、山东、陕西及两湖的商贾、香客,男女老幼密密如蚁,热闹非凡。

(三)佛教文化

佛教源于古印度,其创始人为释迦牟尼,故又称释教。佛教在印度形成后,分三条路线向外传播:一为南传佛教,即从印度到尼泊尔、缅甸、泰国、老挝、柬埔寨、斯里兰卡、爪哇、苏门答腊等,和印度本土一道,构成印度文化佛教圈;二为北传佛教,即从印度北上到中亚,经丝绸之路东入中原汉地,又抵朝鲜、日本、越南,形成汉文化佛教圈;三是中路的藏传佛教,即从印度跨喜马拉雅山进入我国西藏,然后入青海、内蒙古、四川,形成藏传佛教文化圈。

北传佛教是东汉初年由丝绸之路传入中原的洛阳,在洛阳建立了中国第一座佛寺白马寺。从此,佛教在中原落地生根,并继而远播他方。由于印度佛教最先传入河南,使河南创造了许多中国佛教史上的第一。洛阳白马寺是中国的释源,齐云塔是中国的第一座佛塔,龙门石窟为中国开凿时间最长,窟龛数目、雕像数目、造像题记最多的石窟;嵩山是我国传播佛教的第一座名山,法王寺是中国第一个专为佛教建造的寺庙,永泰寺是中国第一座尼僧寺院,少林寺是中国化的佛教禅宗的祖庭,少林寺塔林是天下第一塔林,嵩岳寺塔是中国最早的印度风格的砖塔,净藏禅师塔为中国最早的八角砖塔;光山净居寺是中国第一个佛教宗派——天台宗的发源地;开封相国寺是推动佛教信仰大众化的净土宗的祖庭，也是云门宗的大本营，开封铁塔是我国现存最早、最高的琉璃砖塔，被誉为"天下第一塔"；汝州风穴寺是流行最广的临济宗的祖庭；宝丰香山寺是观音菩萨信仰文化的发源地；卫辉香泉寺是中国第一个佛教慈善场所；安阳修定寺塔是中国现存唯一的一座"花塔"，被誉为"中国第一华塔"，灵泉寺宝山塔林是中国规模最大、时代最早的摩崖塔林；许昌人朱士行是中国第一个到西域取经的汉族僧人，洛阳人阿潘是中国第一个比丘尼，禹州人智颜是天台宗祖师，尉氏人神秀是禅宗北宗的创立者，偃师人玄奘是中国第一大翻译家，南乐人一行是中国密宗大师、中国佛教中唯一的一位世界级的科学家、天文学家；中国最早翻译佛经的中心是洛阳。

七、商业文化

河南是中国商业文化的发源地，其商业文化起始早、级别高、地域广，产生了中华商业文化的许多第一：商业鼻祖王亥，是第一个用牛车拉着货物到远地做生意的人；孔子的高足子贡，是中国第一位儒商；新郑人弦高是中国第一位爱国商人；商圣范蠡，是中国历史上扶贫济弱的第一个商人；范蠡之师计然，是中国第一位商业理论家；洛阳人白圭，是中国历史上第一个具有战略思想的产业商人，被后世商人尊为祖师；洛阳人桑弘羊，是中国第一个倡导重商理论的政治家。中国历史上第一批职业商人诞生在西周时期的洛阳，第一个由政府颁布的保护商人利益的法规《质誓》诞生于春秋时期的新郑，以"城门之征"为代表最早的关税征收发生在春秋时期的商丘，最早的商家诉讼条例发生在春秋时的郑国（今郑州），中世纪世界上商业最发达的都城为北宋的汴京（今开封）等。所以，中国商人、商业和商业文化的起源在中原，成为考古学界、史学界的共识。

（一）商业鼻祖——王亥

王亥，今河南商丘人，为商祖契的第六世孙，商族的首领。王亥驯服了牛，供人役使；发明了牛车，用于运载货物；大力发展畜牧业，使商族很快强大起来。他们生产的东西有了剩余，王亥就用牛车拉着货物，赶着牛羊到其他部落去交换，换回他们自己所需的东西。因为他们是商部落的人，外部落的人称他们为商人。公元前 1046 年周灭商后，商遗民被强迫集中到东都洛阳，为生活计，商遗民重操旧业，行旅贸易，因此在周人心目中，买卖人就是商人，而把专门从事交换、居间买卖的行业称为商业。

王亥开创了经商事业的先河，是中华民族的商业始祖。

（二）中华儒商第一人——子贡

子贡，春秋末卫国黎（今鹤壁浚县）人，姓端木，名赐，字子贡，孔子的著名弟子。他博学多识，洞察时势，能言善辩，不但是成就卓著的社会活动家和杰出的外交家，而且还是著名商业贸易家。《史记·货殖列传》将子贡列第二位，称其有经商天才，"与时转货赍"，靠经商"家累千金""富可敌国"。子贡在经商中可以准确地预测市场行情，他所到之处，"国君无不分庭与之抗礼"。他钦佩崇敬孔子，是孔子及其学说的重要传播者和捍卫者，孔子名声之所以能传扬天下，主要得力于子贡的宣扬。孔子去世后，子贡出资殡葬，众弟子服丧3年，唯子贡结庐墓旁，6年方归。

子贡的道德学问、识见功业对后世影响深远，自汉代起，不断受到封建官府的祭祀和封爵，被称誉为中华儒商第一人。今浚县大伍山东南有子贡墓，浚县城南街有子贡祠遗址，西街有翰林府遗址。

（三）中国商人祖师——白圭

白圭，战国时期洛阳人，以擅长经商而名满天下。他提出贸易致富理论，主张采取"人弃我取，人取我与"的经商办法，认为经商必须掌握时机，运用智谋，犹如孙吴用兵、商鞅行法一样，因而被后世商人尊为祖师，并设立神牌供奉。白圭认为，一个精明强干的商人，必须具备"智、勇、仁、强"四个条件。"智"即通权变，有灵活性；"勇"即善于"决断"；"仁"即能"取予"；"强"即有所"守"，有耐心，勿莽动。

白圭的经商方法和理论独树一帜，被称为"仁术"，千百年来被人师法，因此他又被称为中国历史上第一个具有战略思想的产业商人。

八、戏曲文化

戏曲是中国传统的戏剧形式，是一种包括文学、音乐、舞蹈、美术、武术、杂技以及人物扮演等各种因素的综合艺术。戏曲的起源与中国古代乐文化的关系最为密切，河南作为中华民族文明发祥地，中华民族先祖在中原这块大地上劳动生息的同时，音乐歌舞也就相伴发生，此后20多个朝代在这里建都，催发了戏曲艺术的长期繁荣。

河南舞阳贾湖裴李岗遗址中挖掘出土的原始骨笛，距今已有 8000 多年，被称为笛子的鼻祖，比埃及出现的笛子早 2000 年；河南安阳殷墟出土的刻有鼓、龠（古乐器）、舞的甲骨文距今已有 3500 年，表明当时的音乐歌舞已达到相当水平；河南禹州出土的西周傩舞青铜面具，距今已有 3000 年，这是中国戏曲脸谱的鼻祖；南阳出土的"乐舞百戏"汉画像石，是中国戏曲艺术的雏形；河南荥阳出土的宋墓石棺杂剧图是我国发现最早的有纪年的戏曲演出石刻；乐律学家、音乐家、乐器制造家、舞学家朱载堉，河南沁阳人，创造了十二平均律等六个世界第一，被尊为"乐圣"。从文字记载看，夏启时中原已有优伶出现，商、周傩仪规模巨大，西汉和隋唐，洛阳均是"百戏"活动中心。

河南号称"戏曲之乡"，也是当今公认的戏曲大省。无论是豫剧的激昂豪放、曲剧的清新柔美还是越调的苍劲雄厚，都渗透着中原人的群体性格，都关照着普通百姓的好恶爱恨。河南戏曲剧作关注现实，贴近生活、贴近时代脉搏，在每一个历史时期，都有在全国产生巨大影响和轰动效应的剧目产生，如《花木兰》《穆桂英挂帅》《卷席筒》《七品芝麻官》《程婴救孤》《朝阳沟》《李双双》等。因此说，戏曲起源于河南，形成于河南，如今又繁盛于河南，并从整体上影响着中国戏曲的创作与发展。

（一）豫剧

豫剧原名"河南梆子""河南高调""河南讴""靠山吼"，主要流行于河南及其他省市地区。20 世纪 50 年代与京剧、评剧、越剧合称中国四大剧种，80 年代成为中国最大的地方戏种，其演出团体、观众数量、经济效益居全国剧种之首，在全国影响仅次于京剧，居第二位。

常香玉，原名张妙玲，出生于河南省巩县（今巩义市），豫剧表演艺术家。常香玉是常派的创始人，有着丰富的音色、宽广的音域、纯净的音质、正确的运气方法、宏大的发声共鸣、精巧的吐字技术和娴熟的润腔手段，唱腔甜美，吐字清晰，表演细腻传神，规范精到，富有一种阳刚之气。

（二）曲剧

曲剧也称"高台戏""河南曲子戏"，是河南省第二大剧种。曲剧流行于河南省的洛阳、南阳一带，起初只是踩着高跷所唱的曲子，被称为"高跷曲"，唱腔以真嗓为主，假嗓为辅，真假结合，朴实自然，缠绵悠扬，灵活舒展，抒情性强，生活气息浓烈，后来吸收了其他剧种的艺术，移植其他剧种的一些历史故事戏，发展为舞台剧。曲剧一般多以民间故事、家庭生活、儿女恋情为主要题材，极富生活情趣。其唱调柔和、婉转、轻快，具有民歌特点。

中华人民共和国成立后整理改编的传统剧目有《陈三两爬堂》《卷席筒》《风雪配》《寇准背靴》等，现代剧有《翻身乐》《赶脚》《逼婚》《掩护》等。

（三）越调

越调也称"四股弦""月调"，主要流行于河南及湖北、陕西等省部分地区，是河南省较大的剧种之一。越调唱词为长短句，并用一部分昆曲曲牌，伴奏乐器以四股弦为主。传统剧目十分丰富，分正装戏、外装戏两种。正装戏为越调的原有传统剧目，一般唱词少，道白多，词句比较文雅深奥，组织结构严谨，多为以生、净为主的历史剧。外装戏是移植的其他剧种和根据说唱故事、小说改编的剧目，唱词多而道白少，通俗易懂，摆脱了正装戏曲牌词格体制的限制和束缚，多系连台的公案戏。

中华人民共和国成立后整理的著名传统剧目有《收姜维》《诸葛亮吊孝》《火焚绣楼》等，现代戏主要有《苦菜花》《卖箩筐》《扒瓜园》等。

（四）河南坠子

河南坠子以伴奏乐器用坠胡而得名，演唱者手拿檀板或小镲伴奏，故而又称小镲坠子、简板书或响板书。流行于河南、安徽，蜚声全国艺坛，是中国曲艺"唱活"中流行最广的品种。表演讲究手、眼、身、法、步、闪、移、挪等技巧，演唱形式有自拉自唱、一拉一唱和对口唱、三口唱等，演唱者手打简板，边打边唱，伴奏者拉坠琴踩打脚梆击节拍，也有演唱者使用醒木的。

晚清以来，除河南外，山东、河北等地也涌现出许多著名的河南坠子琴师，他们操琴说书，漂泊传艺，足迹遍布城乡，培育出大批门徒，对根深叶茂的河南坠子这一民间艺术的发展做出了可贵的贡献。

第二节　河南历史文化的古都特性

一、商朝帝都——郑州

（一）郑州的发展历程

郑州是河南省的省会，是一座新兴城市，也是历史悠久的古都。郑州作为商朝帝都达150多年，加上西山古城、新寨、王城岗及阳城遗址、郑韩故城等，形成了一个庞大的古都群，因此，它与北京、西安、洛阳、开封、安阳、杭州、南京并称为中曾八大古都。

郑州地处中原，是从丘陵区到平原的过渡地带，北临黄河，西依嵩山，东南是广阔无垠的黄淮平原，土地肥沃，气候宜人，物产丰富。这种得天独厚的自然条件很适宜人类居住。根据考古发掘证明，早在距今5000年前的新石器时代，人类便在这里劳动生息。到了原始社会末期，这里已经聚集了大量的氏族部落，逐渐成为中原远古文化发展、会聚与融合的中心区域。在郑州，已经发现的便有大河村、白庄、林山寨等仰韶文化遗址和二里岗、牛寨、西沙口等龙山文化遗址。

传说中的中华民族的始祖黄帝及其部落也曾在郑州地区居住活动，黄帝在中原地区统一了华夏部落，建立了有熊国，定都于郑县（今新郑），开创了中华民族五千年的文明史。

公元前21世纪，夏朝建立，夏启曾建都新寨（今新密市），夏禹建都阳城（今登封告成），郑州地区曾是夏王朝统治的中心地区。

汤建立商后，把都城建在亳，也叫郑亳，即现今的郑州商城。商朝在此建都历经五代十国，历时150年以上。郑州商代都城遗址是我国古代有文献可考、有实物可证的最古老的都城之一。

西周灭殷后，周武王封其弟叔鲜于郑州一带，监管殷代遗民，名为管国。在整个奴隶社会时期，郑州地区一直处于王畿地区，并在城市发展和经济文化方面居先进地位。到春秋战国时期，因这里是管国故地，故被称为管城。春秋战国时期，诸侯争雄，郑武公曾建都于新郑，后来郑国衰落，为韩、魏取代，现新郑有郑韩故城遗址。

秦汉时郑州的手工业曾一度得到空前发展，冶铁业尤其发达，是国内重要的冶铁基地。魏晋南北朝以后，郑州地区战乱频繁，先后为后赵、前燕、北魏、东魏、北齐、北周等统治，在政权的纷争和更迭下，社会经济受到了严重破坏。北周时期在今郑州荥阳的汜水镇置州，名郑州，这就是郑州地名之始。隋炀帝大业年间将郑州治所由荥阳迁至管城。唐武德四年（621年），置郑州，加修了城垣，建了城楼和夕阳楼。宋代将郑州建为西辅，成为宋代四辅郡之一。明朝废管城县仅留郑州建制，领四县，属开封府。清雍正二年（1724年），郑州升为直隶州，辖荥阳、汜水、荥泽、河阴四县。清光绪三十一年（1905年）郑州辟为商埠，1913年改郑州为郑县，属开封道。

1948年10月，郑州正式建市。1923年2月，震惊中外的"二七"大罢工就爆发在这里，今天屹立在市中心的"二七"纪念塔，就是这座英雄城市的光荣象征。因此，郑州有"二七名城"之誉。

1954年河南省省会由开封迁至郑州后，这里已成为河南省政治、经济、文化、交通的中心。经过多年建设，郑州市已成为一座美丽的园林城市，一座正在蓬勃发展的现代化商贸大城市和一座以纺织、炼铝为主的工业城市。

郑州交通便利，是全国重要的交通枢纽。郑州市地上地下资源丰富，是国务院批准的国家历史文化名城、国家园林城市、内陆开放城市，是中国城市五十强和投资硬环境四十优城市、中国优秀旅游城市。

（二）郑州的古都文化

悠久的历史给郑州留下了大量的文物古迹，成为国内外学者和旅游者考古、观光、领略中华民族文化渊源的圣地。郑州有世界地质公园、国家重点风景名胜区中岳嵩山，那里有以少林功夫名扬天下的少林寺；有领略母亲河神韵、体现六千年黄河文化、观赏大河风光的黄河游览区、黄河大观、花园口游览区等；有观览自然风光的浮戏山、雪花洞、神仙洞、环翠略等；有炎黄子孙寻根祭祖的好去处新郑黄帝故里、新密黄帝宫、杨业祠、郑氏宗祠、观星台等；还有郑韩故城、大河村遗址、商城遗址、裴李岗遗址、中岳庙、永泰寺、法王寺、嵩岳寺塔、二七纪念塔、河南博物院、杜甫陵园、巩义石窟寺、宋皇陵等诸多名胜古迹。在众多名胜古迹中，有登封的汉三阙、净藏禅师塔、王城岗遗址、会善寺、郑州西山遗址、新密打虎亭汉墓、巩义黄冶三彩遗址等被国务院列为全国重点文物保护单位；有新郑裴李岗遗址、登封王城岗遗址、郑州商代遗址、新郑郑韩故城遗址被列入"中国20世纪一百项考古大发现"和"20世纪河南十项重大考古发现"；有郑州西山遗迹、郑州小双桥商代遗址被评为"20世纪河南重要考古发现"。在众多的旅游资源中，有少林寺、黄河游览区、二七广场、新郑黄帝故里、巩义宋陵、中牟官渡古战场、荥阳环翠峪、新密黄帝宫、郑州商代古城遗址、登封观星台于1993年被评为郑州十大旅游景点；有黄河游览区、乘气垫船游黄河、汉霸二王城、大河村遗址、商城遗址、河南博物院、宋皇陵、巩义石窟寺、杜甫故里、中岳嵩山、少林寺、少林寺塔林、中岳庙、嵩阳书院、嵩岳寺塔、法王寺、初祖庵、观星台、夏阳城遗址、石淙会饮处、黄帝故里、郑韩故城、官渡古战场等，先后被国家旅游局定为国家级旅游景点。

1. 郑州商城遗址

郑州商城遗址位于郑州市区老城的管城区一带，为商代前期的城市遗址，周长约7公里，面积约25平方公里，保留在地面上的城墙最高处尚有3～5米。因郑州是比安阳殷墟还要早的商代都城，所以它是目前我国发现的最古老的大城址。

郑州商城是一座拥有宫城、内城、外郭城和护城壕的规模庞大的城址，这是我国商代最早而且最大的一座王都，也是我国历史上第一座建有城垣的王都，它拥有城墙宫殿、手工作坊、祭祀窖藏、青铜礼器、防御设施和配套的供排蓄水系统，是我国迄今发现的第一座具有一定规划布局的都城遗址，在我国城市发展史上具有开创性的地位。

1985年在郑州市人民路与太康路交会处建立了商城三角公园，园内建有商城纪念碑。该碑由铜方鼎和望柱组成。铜方鼎是根据张砦街出土的"杜岭一号铜鼎"放大五倍复制而成的，通高5米，鼎耳高1米。碑座四角为石雕的四个奴隶跪像，高达6米，每个重6吨。碑座四面刻有表现商代前期的祭祀、战争、农事、渔猎、蚕桑、铸造等社会生活情况。方鼎西是高达13米，宽、厚各2米的望柱，通体黑色，四面雕刻有商代文物（类似图腾）图案。商城纪念碑是郑州古商城的象征。

2. 郑韩故城

郑韩故城位于新郑市城关附近的双泊河（古称洧水）与黄水河交汇的地方，是春秋时期郑国和战国时期韩国的都城遗址，郑韩故城是依黄帝时旧城而建，因此当地群众也称之为"黄帝城"。郑韩故城周长22.5公里，东西长约5000米，南北宽约4500米，平面略呈不规则长方形。其城垣均是用土夯筑而成，城墙高一般为10米，最高可达16米，城墙基宽40～60米，顶宽2.5米。2000多年过去了，郑韩故城是至今全世界同期保存最完整的城垣之一。郑国在此传23世，历时391年，于公元前357年被韩国所灭。韩国把国都从阳翟迁到这里，传8世，历时145年，公元前230年被秦所灭。郑韩故城跨越两个历史阶段，是中国古代著名的都城。

3. 二七纪念塔

二七纪念塔位于郑州市区中心的二七广场，是为纪念1923年京汉铁路工人大罢工中牺牲的烈士，继承和发扬京汉铁路工人革命斗争精神而修建的现代建筑。二七纪念塔平面呈两个五边形并联，建筑面积1923平方米，塔高63米，共14层，这是我国建筑中独特的联体双塔，也是中华人民共和国成立后建筑的最高的一座纪念塔。附近还有二七纪念堂，二七纪念塔和纪念堂已被国务院列为全国重点文物保护单位。

二七纪念塔屹立在郑州市中心，它端庄雄伟，气势磅礴。既是中国革命的象征，又被看作郑州的象征。双塔基座由三层汉白玉围栏拱卫，塔顶有五角形双亭，双亭四周装有6个大型报时钟。塔尖挺立着一枚红色五角星，塔下簇拥着松柏常青树，整座塔雄伟壮观。塔内一边为旋梯，一边为展室，游人可登梯盘旋而上至塔顶。晚上灯火照明利用内透外照加轮廓的方法增加顶楼的泛光照明亮度，采用礼花灯突出底层的灯饰气氛，使双塔更加绚丽多彩。

4. 阳城遗址和王城岗遗址

阳城遗址和王城岗遗址位于登封市告成镇，告成是我国古代著名的阳城故地。阳城遗址位于告成镇东北，这里是东周阳城遗址，阳城的夯土墙大部分还留存，城内有春秋时期的遗物和战国时期的房屋地坪等遗迹，城外有战国时期的铸造铁器和铜器的手工业作坊遗址。王城岗遗址位于阳城遗址西侧，考古工作者在这里发掘了两座并列的属于河南龙山文化晚期的夯土城垣遗址，是夏代初期的阳城遗址，是中国现存最早的遗址之一，它的发现对研究中国古代城市的起源和建筑以及国家的形成均具有重要意义。

阳城遗址和王城岗遗址已被国务院列为全国重点文物保护单位，王城岗遗址2001年被评为"中国20世纪一百项考古大发现"之一。

5. 大河村遗址博物馆

大河村遗址博物馆位于郑州市东北郊柳林镇大河村的大河村遗址,已发掘面积5000多平方米,出土了大量的古代文化遗物和遗迹,计有房基42座、墓葬300多座、窖穴290多座、遗物3500多件。该遗址文化层堆积丰厚,文化内涵丰富,包括了中原地区仰韶文化发展的全过程和龙山文化、二里头文化(传说中的夏文化)、商代二里岗文化,并且各文化层次依次堆积,中间没有大的破坏,前后延续时间长达3300多年,在众多的古文化遗址中实属罕见。

大河村遗址是中原地区远古文化的缩影,对中原地区远古文化发展序列的建立,以及对研究我国原始社会文化面貌,具有重要意义,已被国务院列为全国重点文物保护单位。1986年,这里建成了初具规模的大河村遗址博物馆,精选一批具有代表性的,出土文物在这里复原陈列,并辅以绘画、景观箱、沙盘、雕塑、古居模拟村、制陶作坊等,再现了大河村居民的劳动、生活场景,揭示了遗址丰富的文化内涵,尽显中原古文明风采,使其成为郑州市精神文明和对外开放的一个窗口。

6. 郑州市博物馆

郑州市博物馆位于郑州市内嵩山路,陈列展出郑州出土的文物。郑州博物馆是展示郑州悠久历史和灿烂文化的重要窗口,是河南省优秀爱国主义教育基地。

7. 河南博物院

河南博物院位于郑州市农业路,占地面积10余万平方米,是融文物收藏保护、陈列展览、宣传教育、科学研究、休闲娱乐为一体的具有国际水平的现代化国家级博物馆。它以宏伟的建筑、精美的文物,成为展示河南形象和社会主义教育基地,先后被中宣部、教育部、科技部、中国科协、团中央及全国青联等有关部门命名为革命传统、爱国主义等教育基地。河南省博物馆文物丰富,设备先进,服务功能齐全,是"让世界了解河南,让河南走向世界"的一个重要桥梁。

河南博物院院区内分布着太小建筑九座,寓意"九鼎定中原",传说大禹时将天下分为九州,又铸了九个代表自己权力的大鼎,从此,鼎也就一直成为政权的象征。"得鼎者得天下","失鼎者失天下",故在我国古代,关于得鼎、失鼎、夺鼎、争鼎、问鼎、观鼎、铸鼎的传说比比皆是。

8. 郑州黄河风景名胜区

郑州黄河风景名胜区北临黄河，南依广武山、岳山，是以岳山、广武山为中心在原黄河提灌站的基础上建起来的体现黄河灿烂文化的新型旅游区。游人到这里既可以欣赏到中原的古文化遗址，又可以登山远眺，饱览黄河雄姿。

黄河风景名胜区分五龙峰、岳山寺、骆驼岭、汉霸二王城等景区。

9. 黄河大观

黄河大观是由中国和新加坡共同投资兴建的一座大型黄河主题公园，位于黄河游览区南侧，它以模拟微缩黄河景观群为轴线，以黄河文化为背景，将南岸一侧分为文化风情区，北岸建成高科技游乐区。文化风情区是由黄河流域有代表性的 19 处微缩人文景观组成，包括成吉思汗陵、蒙古包、长城、鹳雀楼、兵马俑、大雁塔、龙门石窟、龙亭、泰山等，其中鹳雀楼是按历史原貌重建的。

民艺坊汇集了黄河流域丰富多彩的手工艺制作，包括扎染、制陶、朱仙镇年画、澄泥砚、泥泥狗、剪纸等 10 多个项目。

10. 花园口黄河生态旅游区

花园口黄河生态旅游区花园口位于郑州市北郊 18 公里处的黄河南岸。宋代时在此建闸治水，以至逐渐发展成村落。明代吏部尚书郑州人许赞之弟许诗，于嘉靖年间在此围地 450 亩，修建花园，种植奇花异草，人称花园村。后因黄河决口，花园村和花园被河水吞没，这里成为黄河渡口，故名花园口。

中华人民共和国成立后，一面年年加固和增高黄河大堤，一面引黄淤土造田，从改种水稻到稻麦轮种，并大力发展果木园和养鱼业，使花园口的万亩沙滩变成鱼米之乡。

花园口生态旅游区依托黄河自然风光——雄、浑、壮、阔、悬的特点，现已开发出黄河大堤风景线、休闲乐园、黄河牧草原、柳湖黄河生态园等五大景区，形成了较好的景区风光。

11. 嵩山

嵩山位于登封市，以其独特的地质构造为世界所瞩目，在其周围不足 400 平方公里的范围内，清晰地保存着地球演化过程中发生于距今 25 亿年、18.5 亿年和 5.7 亿年的三次全球性地壳运动的遗迹，连续完整地记录着地壳所经历的太古代、元古代、古生代、中生代和新生代共五个地质历史时期的情况。这种地质构造全球罕见，被誉为记录地球演化和地壳运动的"百科全书"和"中国天然地质博物馆"，多年来一直吸引着国内外著名地质专家前来考察。现已被联合国教科文组织评定为第一批"世界地质公园"。

嵩山峰岳起伏，峻峰奇异，松柏苍翠，泉溪淙淙，景色绮丽。"嵩门待月""颖水春耕""箕阴避暑石淙会饮""玉溪垂钓""少室晴雪""卢崖瀑布""龙潭贯珠""嵩阳洞天""少室夕照""御寨落日""石池丛崖""石僧迎宾""石笋闹林""珠帘飞瀑""云峰虎啸""猴子观天""熊山积雪""峻极远眺"等景，构成了嵩山壮丽的自然景观。

嵩山是华夏五千年文化的荟萃之地，裴李岗文化、仰韶文化、龙山文化等古文化遗存在嵩山有广泛的分布。嵩山原是一座道教名山，被称为三十六洞天之第六洞天。东汉时佛教继起，这里又成为佛教禅宗圣地——佛教八小名山之一。宋代大兴儒学之风，儒家又在这里讲学，因此嵩山成为道、释、儒三教荟萃之地。嵩山还是少林武术的发源地，中国四大武术名山之一。历史上许多帝王将相、文人墨客、高僧名道、武林高手等来此驻足览胜，留下了大量人文史迹。山上庙、祠、宫、观、洞、寺、庵、塔、堂、院、亭、台、楼、阁、坊、坛、阙、馆、园、碑刻、题记、壁画、金属铸器、古树名木琳琅满目；神话故事、传说、史迹比比皆是。所有这一切，都记录着华夏民族在人类历史长河中发展的轨迹，故嵩山被称誉为"天然历史博物馆"。

现在山上存有：始建于秦的我国最早道教建筑之一的中岳庙，我国少林武术发源地、被誉为"天下第一名刹"的少林寺，被誉为宋代四大书院之一的嵩阳书院，我国现存最古老的天文观测建筑告成观星台，有嵩山第一胜地之称的法王寺，我国现存最古老的砖塔嵩岳寺塔，我国现存最大的墓塔林少林寺塔林以及初祖庵、达摩面壁洞、会善寺、永泰寺、二祖庵等。

在嵩山诸多名胜中，有全国重点文物保护单位15处、省重点文物保护单位12处、市重点文物保护单位18处，嵩山被誉为"文物之乡"。1982年10月被国务院列为第一批国家重点风景名胜区之一，1997年被评为"河南十佳旅游观光好去处"之一，2001年被评为全国文明旅游区，2002年又被评为"中国旅游知名品牌"。

12. 浮戏山—雪花洞风景名胜区

浮戏山位于巩义市新中镇，以雪花洞、老庙为中心，以玉仙河为中轴，集石英岩、喀斯特、黄土丘陵三种地貌于一体，荟萃北国江南风光于一区，历来有巩境"小桂林"之誉。景区内有108座山峰、108处溶洞、22处水系、200多座庙宇、9大古城堡寨、18条大峡谷、68种野生花卉、590余种植物，组成了一幅青山、碧水、秀峰、险寨、奇洞、古庙、美石、茂林光辉灿烂的山水画卷。

二、中国第一古都——安阳

（一）安阳的发展历程

安阳位于河南省的最北部，地处晋、冀、鲁、豫交会的要冲，西依太行山，与山西接壤；东接中原油田，与濮阳市毗邻；北濒漳河水，与河北相望；南通豫州大地，与新乡、鹤壁二市相连。历来是晋、冀、鲁、豫四省交会地区的商品集散地和交通枢纽，素有豫北咽喉之称，具有相当重要的战略地位。

安阳市为省辖市，是一座具有3000多年历史的文化古城，自商王盘庚迁都至此称殷（今安阳小屯一带），成为中国历史上第一个有稳定疆域的长期定居的国都，所以史称中国第一古都。安阳是国务院公布的第二批全国历史文化名城，中国的八大古都之一。

安阳历史悠久，文化灿烂。早在旧石器时代，安阳就成了我们祖先辛勤劳作、繁衍生息的好地方，在安阳县小南海发现的两万五千年前的原始人洞穴遗址，是中原地区发现的第一处旧石器时代遗址，郭沫若称之为小南海文化。大约在四千多年前，上古时代的"五帝"中，就有颛顼和帝喾两位帝王，在帝丘和亳（今安阳市内黄县东南）建都，今内黄有纪念颛顼、帝喾的二帝陵。到了商朝，第十代君王中宗太戊曾建都于"亳"（今内黄亳城），第十三代君王河　甲由"嚣"迁都于"相"（今内黄亳城），其子第十四代君王祖乙仍在此建都，三帝在此建都历时约86年，现内黄亳城有商中宗陵。

约公元前1300年至前1251年，商王盘庚在位，自"奄"迁都于"殷"（今安阳市小屯村），至商朝灭亡，历经八代十二王，一直是商代后期的政治、经济、文化中心。殷商时代，虽然人们早已结束了游牧生活，能够建造起相对稳定的村落和雏形的都市，但遇到洪水以及异族的压迫，还是不能自保，所以盘庚之前的殷帝已有数次迁都之举。盘庚继位之初，都城在奄地（今山东曲阜附近），盘庚迁都到殷地。殷地背靠太行山，前临洹水，既利于生存，又便于躲避水患，且地处中原，利于统治整个国家。盘庚把都城迁到了殷地，史书记载"百姓安宁，殷道复兴，诸侯来朝"，盘庚因此被称为中兴贤王，而殷地此后也成为商朝的永久都城。殷都是中国历史上第一个有稳定疆域的长期定居在一个地方的国都，史称殷都为中国第一古都。这里还流传着盘庚迁都、武丁中兴、奴隶升相、妇好挂帅、文王拘而演《周易》、武王伐纣等许多历史传说。特别是在小屯一带陆续发掘出土的甲骨文，是中国最早的成系统的文字，使安阳成为中华民族文字的故乡，也是中国真正文明史的开端。

周秦时期，安阳先后为晋、魏、赵等国所占，相继称"东阳""邺""宁新中"。魏国魏文侯时，派西门豹为邺令，西门豹引漳灌田，实行"寓兵于农""藏粮于民"的政策，民富兵强，为人民所爱戴，现安阳城北有西门大夫祠。六国宰相苏秦，于周显王三十六年（前333年），曾召燕、赵、魏、韩、齐、楚六国君主，在洹水南登台拜相，掌六国相印，讨论合纵抗秦大策，现安阳市郊柴库村有六国拜相台遗址。秦昭襄王五十年（前257年），秦将王　攻克"宁新中"，因"安"和"宁"词义接近，又地处淇水以北，故改为"安阳"。秦始皇十一年（前236年），命大将王翦等攻克安阳，并开始在此筑城。

东汉末年，曹操破袁绍，克邺城，并营建邺都（今安阳城北20公里），在此建都城达52年，并在城西北建铜雀、冰井、金凤三台，以城垣为基，高台上建楼阁。左思在《三都赋》申将邺城和东吴的建业（今南京市）、蜀汉的成都并举。东晋十六国时期，后赵、魏、前燕以及南北朝时期的东魏、北齐等五个朝代也相继在邺建都，加上曹魏，以上六朝在邺建都长达126年。加上殷商，安阳可称为"七朝古都"。北周灭北齐，以邺为相州、魏郡、邺县治所。北周静帝大象二年（580年），相州总管尉迟迥起兵讨伐杨坚失败，杨坚将州、郡、县治所及居民全部迁至邺南的安阳城，将邺城焚毁，安阳改称相州、魏郡、邺县。唐时瓷窑大兴，至金这里已成为集中开采、冶炼、烧制、交换的市镇而置彰德府。明朝时赵简王朱高燧在彰德府城内建赵王府，现城内的高阁寺就是赵简王的"金銮殿"。

1912年，安阳仍为彰德府治所。1913年改彰德府为安阳县，属河南省豫北道，1914年改为河北道。1927年道级行政区被废除，安阳县归河南省直辖。

中华人民共和国成立前夕，漳南县原属河南安阳专区，1949年后，漳南县分别划归安阳县、临漳县、魏县。1949年5月6日，中国人民解放军解放安阳，成立安阳市。8月1日,成立平原省,安阳市为省辖市。中华人民共和国成立后,临漳县划归河北。1952年11月30日,撤销平原省,安阳市回归河南省,仍为省辖市。1983年,国务院决定把安阳县、林县、浚县、汤阴县、淇县划归安阳市,实行以市带县体制。1986年2月,河南省进行行政区划调整,将淇县、浚县划归鹤壁市,将濮阳市属的内黄县、滑县划归安阳市。截至2018年底,安阳市辖1个县级市(林州市),4个县(安阳县、内黄县、汤阴县、滑县),4个市辖区(文峰区、北关区、殷都区、龙安区)。

此外,还有1个城乡一体化示范区(安阳新区)、1个国家级高新技术产业开发区(安阳高新技术产业开发区)和1个国家经济技术开发区(红旗渠国家级经济技术开发区)。

(二)安阳的古都文化

安阳物华天宝,人杰地灵,有众多的名胜古迹和人文景观。这里有世界文化遗产殷墟;有殷纣王囚禁周文王的第一座国家监狱及《周易》的成书地羑里城;有中国第一位女将军妇好的陵墓;有南宋著名民族英雄岳飞的故里;有西门豹治水的投巫处西门豹祠;有三皇五帝中第二帝颛顼和第三帝帝喾的陵墓二帝陵;有宋朝宰相韩琦故里昼锦堂等。

安阳市古城基本上保持了明清的传统格局,有许多传统民居,城内有安阳市的标志性建筑文峰塔、宋代昼锦堂、元代建筑小白塔、明代建筑城隍庙和高阁寺等,是河南省重点旅游城市,中国优秀旅游城市。

1. 殷墟博物苑

殷墟是商朝后期的都城遗址,分布在安阳市西北郊的洹河两岸,以小屯村为中心,东西长6公里,南北宽4公里,面积24平方公里。公元前14世纪,盘庚迁都于此称殷,也称"北蒙",直至帝辛(纣)亡国,从1928年起考古工作者在殷墟进行了全面的、大规模的科学考古,发掘出了宫殿区、王陵区、手工业作坊区、居住区和墓葬区,发现了王宫遗址、大型陵墓、殉葬坑、祭祀坑、车马坑、奴隶主与平民的墓葬、青铜器铸造作坊、居民聚落、水井窖穴、排水道等遗迹,出土带有文字的甲骨、青铜器生产工具和生活器物以及陶器、玉器、宝石器、骨器、蚌器、象牙杯等珍贵文物。

殷墟闻名于世有三个非常重要的因素,即甲骨文、青铜器、都市。

甲骨文是我国最早的文字，被誉为中国文化史上的四大发现之一。甲骨文是用刀刻在龟甲兽骨上专门用于占卜的一种文字，所以又称"甲骨卜辞"，因出土于殷墟，所以还叫"殷墟文字"。在可识的汉字中，甲骨文是我国最早发现的文字体系。在这里先后共发现甲骨文 16 万多片。现甲骨学已成为国际上一门新兴的科学，而安阳则成了这门科学的研究交流基地。

青铜器是殷墟出土文物中的又一文化瑰宝。当世界上多数民族还停留在石器时代，生活在这里的人们已经进入青铜器时代，这也是殷墟闻名于世的第二个原因。1939 年从王陵区出土的司母戊大方鼎，高 1.33 米，长 1.10 米，宽 0.78 米，重达 875 公斤，是迄今为止世界上出土的最大最重最古的一件青铜器，堪称世界青铜史上的奇迹，是我们的国宝。另外在殷墟还出土了大量的青铜戈、瓿、鬲、甗、爵、觚、盘、壶、盂、角、鄂尊、铜偶方彝、斧、戟、箭、车马具等。殷墟出土的青铜器已达数千件，以其数量多、造型优美、制作精巧、纹饰华丽、质量上乘而著称于世。殷代是我国青铜文化的鼎盛时期，铸铜、烧陶与制骨被称为当时的三大手工业。

商朝的都城遗址是殷墟闻名于世的第三个因素。在小屯村北、洹河南岸，考古工作者先后发现了 53 座王宫建筑基址，这些宫殿建筑物都建立在黄土夯土台基上，呈南北方向集中分布，其中最长的约 85 米，宽约 4.5 米，最短的仅 2.3 米，宽 1.85 米。前不久在殷墟遗址洹河北岸的董王度一带又发现了一座面积达 400 多万平方米的商代都城遗址。考古工作者在洹北商城南北中轴线偏南部位，发掘出迄今所知中国商代规模最宏大的宫殿。该宫殿基址东西长 173 米，南北宽 90 米，面积 16 万平方米，整体结构呈"回"字形，是整个商代乃至先秦时期最大的单体建筑。

殷墟 1961 年被国务院列为全国重点文物保护单位，2001 年被评为"中国 20 世纪一百项考古大发现"之首，2002 年被评为"中国旅游知名品牌"，2006 年被联合国教科文组织列为"世界文化遗产"。

1987 年在殷墟宫殿区的遗址上，建成了我国第一座园林式的遗址保护区——殷墟博物苑。它是展示殷墟出土文物，弘扬民族文化，集考古、园林、旅游于一体的古建筑，占地 7 公顷之多。苑门是依照甲骨文中的"门"字设计的，门框上雕刻着殷代图案，浮雕着凤、虎、饕餮、夔、蝉等花纹，门额苑名由著名历史学家周谷城先生题写。门两侧墙上浮雕殷代龙形玉珏，显示着中华儿女都是龙的传人。博物苑内复原的仿殷大殿富丽堂皇而古朴凝重，部分地再现了"中华第一古都"的壮观景象。博物苑内有甲骨文及殷墟出土文物、车马坑展，还建有全国仅有的甲骨碑林，摆设了仿殷石人、石象、石鸟、石龙等雕刻品，这里共有以原甲骨片形状放大而成的石碑30通。

2. 彰德古城

彰德古城也称安阳古城。明洪武元年（1368年）改建，明成化十三年（1477年）重修，清康熙、雍正年间又重修三次。城方形，有四门，各建门楼，又建四个角楼，城内街道90多条，纵横交错，密如蛛网。城楼城墙大部已毁，西南城墙角尚存，现已辟为三角湖公园。古城内的街道和民宅基本完好，城内名胜古迹甚多。

3. 天宁寺塔

天宁寺塔又称文峰塔，位于安阳市古城西北隅的天宁寺内，称大寺塔，位于旧彰德府文庙（现西大街小学）东北方，天宁寺和天宁寺塔可以代表古城的文化高峰。清乾隆年间，彰德知府黄邦宁重修塔时，额题"文峰耸秀"四个大字，故名文峰塔。天宁寺塔始建于五代后周广顺二年（952年），塔高38.65米，周长40米，为楼阁式空心砖木结构，琉璃瓦顶，八角五层。此塔有三绝：一是上大下小的奇特结构，在中国现存古塔中，是独一无二的；二是塔上有塔，小塔作顶；三是塔的八角都有精美的砖雕。它已有1000余年的历史，经历了战争年代炮火的考验，至今依然屹立，巍峨壮观，被视为安阳城的象征，已被国务院列为全国重点文物保护单位。

天宁寺除塔外，寺内其他建筑由于种种原因，或已遭到破坏，或自然坍塌。近年安阳市投巨资除对文峰塔进行维修外，又重新修建天宁寺，目前天宁寺山门、大殿、天王殿、文昌阁等已恢复重建。

4. 修定寺塔

修定寺塔位于安阳县西北的磊口乡清凉山南麓的修定寺旧址上，建于唐德宗建中二年至贞元十年（794年），称唐塔。修定寺毁于清末，只留下唐塔保存至今。修定寺塔是我国建筑史上稀有的全部用模制花砖饰面的一座单层砖砌方形唐塔，又因塔身表面遍涂一层橘红色，故俗称"红塔"。它造型华丽别致，饰面花纹图案精美独特，素有"中国第一华塔"之称，1952年被国务院列为第二批全国重点文物保护单位之一。

修定寺塔是我国唯一的模制花砖舍利塔，它全部用模制花砖饰面，装饰华贵，富丽堂皇。塔通高 20 米，由塔基、塔身、塔顶三部分组成。塔基平面呈八角形，下为束腰须弥座。基座外壁全部用花砖嵌砌而成，每个砖的表面均有浮雕花纹，不漏一处空白。其内容有精美生动的人物、动物和以各种莲花为主题的花纹图案。

塔身呈正方形，高 9.3 米，宽 8.3 米，外壁全部用不同类型的模制浮雕砖镶嵌而成。全塔共用了 3775 块花砖，砖雕面积达 300 平方米，有佛像、弟子、菩萨、天王、力士、武士、侍女、飞天、乐伎、青龙、白虎、猛狮、大象、天马、巨蟒、花卉、彩带、胡人、童子等 76 种图案，精美绝伦，巧夺天工。

5. 灵泉寺

灵泉寺位于安阳县城西南 25 公里的宝山上，始建于东魏武定四年（546年），原名宝山寺，后由隋文帝杨坚赐名灵泉寺，在南北朝和隋唐时代是我国著名的佛教圣地，曾享有"河朔第一古刹"的盛誉，这里至今还有隋唐以来70 余座高僧的墓塔。1998 年 9 月 22 日，我国著名得道高僧吴云青在此参禅打坐，含笑羽化飞升，弟子们将他以坐姿葬于灵泉寺和尚坟西北、东魏道凭法师焚身塔以西的山冈上，其墓塔分六层，以青石砌成。2000 年 12 月 24 日开启吴云青的墓缸后出现了肉身不朽的奇迹，吴云青是我国自古以来出现的第十三尊肉身，灵泉寺是除九华山之外，我国第二处出现和保存肉身和尚的寺庙。如今安阳县文化局正在用科学方法将吴云青老人的不朽肉身妥善安置，接受海内外游客的观瞻。

灵泉寺附近群山环绕，洹河东流，群泉多涌，汇成巨湖，称小南海。古文化遗址也很丰富，如全国重点文物保护单位、中国规模最大、时代最早的摩崖墓塔林——灵泉寺石窟、全国重点文物保护单位小南海原始人洞穴遗址以及小南海北齐石窟造像、南善应瓷窑遗址、宋代石羊、小南海庙、长春观等。

6. 珍珠泉

珍珠泉位于安阳县城西 22 公里的水冶镇西，水面 1.3 万平方米，平均水深 2 米，泉水清澈晶莹，涌如串串珍珠，故名。它由八个泉眼组成，以拔剑泉、马蹄泉、心字泉为主，周围有石栏，可凭栏观鱼，泉中建有亭台，可供游人小憩。相传北宋名将韩琦领兵西征契丹返朝时，途经此地，时值盛夏酷暑，兵马干渴难忍。韩琦气急，拔剑插于蚁穴祈水，剑拔出后泉水随剑涌出，遂名为"拔剑泉"，又称"宝剑泉"。韩琦的坐骑见水，咆哮嘶鸣，一蹄陷入土中，清泉涌出积水成潭，状如马蹄，遂名"马蹄泉"。马蹄泉刚出，在其西南侧又涌出一眼状若心字的"心字泉"。这里古柏参天，其中两株柏树相距1.7米，而在1.3米高处合为一株，状若门洞，相传过此门者能延年益寿，此柏被《中州古树志》称为千古一奇柏，与珍珠泉合称"柏门珠沼"。

珍珠泉与辉县市的百泉、修武县的马坊泉、西平县的龙泉统称为中州四大名泉。

7. 红旗渠

红旗渠位于河南省西北部太行山区的林州市，是20世纪60年代林州（当年为林县）人民在艰苦的环境下，战胜重重困难，以愚公移山的精神，在太行山的悬崖峭壁上盘山凿出的一条中国最长的人工天河，被中外人士誉为"中国水的长城"。

林州境内群山重叠，沟壑纵横，土薄石厚，水源奇缺，是个有名的"光岭秃山头，水缺贵如油"的穷地方。从1960年起，林州人民决心以愚公移山的精神，劈开太行山将漳河水从山西平顺引入林州。他们在无资金、无原材料、无工具和吃不饱的极度困难的环境下，以"重新安排林县河山"的大无畏的英雄气概，自造水泥，自烧石灰，自制炸药，自带工具，一锤一钎，沿漳河南岸，绕悬崖，越峡谷，逢山开洞，遇沟架桥，苦干10年，修建成了总长度达1500余公里的"人间天河"，成为"人间奇迹""天下一绝"。这一伟大工程充分显示了人民群众的无穷创造力，这种精神被誉为"红旗渠精神"。

目前，红旗渠已被中宣部等六部委命名为全国百家爱国主义教育示范基地之一，并先后被评为"中国旅游知名品牌""国家水利风景区""河南最佳红色旅游景区"。

三、南都帝乡——南阳

（一）南阳的发展历程

南阳古称宛，地处河南省西南，桐柏山盘踞在南，三面群山环抱。因居汉水之北，伏牛山之南，故称南阳。南阳城周围为开阔的冲积平原，东、西、北三面高山峻岭，有关山之固，可以控扼；东北有方城作外城，这里是历史上著名的南襄夹道；南有汉水作城壕；东达江淮可运谷粟，宽城平野，可储粮屯兵。这里"南蔽荆襄,北控汝路,西通关陕,东连江淮",素有"楚豫雄藩""中原要冲""军事重镇"之称,故为历史上中原地区各国争战的中心,如刘邦攻南阳、刘演(刘秀长兄)破宛城、黄巾争古城、曹操战张绣、曹仁屠宛、石览解围、魏克宛、王权攻南阳、闯王进南阳、宛东战役等。

南阳盆地50万年前就有云阳猿人、南召猿人生息,有新石器时代文化遗址,六七千年前即为人类活动中心地之一,是我国文明发源地之一。南阳自西周宣王封申伯建立中国于此筑邑始,距今已有2800余年。春秋时楚国灭申而据南阳,并在此建城郭(今南阳东北),称宛以"冶铁都市"著称,成为经济、军事重镇。战国时秦昭襄三十五年(前272年)置南阳郡,治宛城,成为"富冠海内"的天下名郡。

秦汉时以"大郡之都,连城数十"而闻名天下,汉时为全国冶铁和商业中心之一,与长安、洛阳等齐名为六大都市。秦末,刘邦为了取关中、定天下,接受了张良的建议,自颍川南下取宛城。西汉末年,刘玄与王莽军队作战,于更始元年(23年)在宛城外清水(今白河)沙滩上设坛即位,称更始帝,同年六月,攻下宛城,遂定都于此。东汉开国皇帝刘秀曾发迹于此,虽都于洛阳,但南阳却是他的基地。东汉王朝所依恃的核心力量是以南阳豪强为基干的豪强地主,汉光武帝刘秀的云台28将、365功臣,多出于南阳,故南阳皇亲国戚云集,有"南都""帝乡"之称。汉代以后,南阳在全国的地位虽有所下降,但始终还是南阳盆地政治、经济、文化中心,一直为州、府治所。

中华人民共和国成立后,南阳行政公署划走叶县、舞阳。析出西峡、南阳市,仍辖十三个县市,即南阳市、南召、方城、泌阳、唐河、新野、桐柏、镇平、淅川、邓县、内乡、西峡、南阳县。1949年3月,新成立的中共河南省委决定,成立南阳地委,并宣布南阳专署原辖的叶县、舞阳两县划归许昌地区,南阳市、南阳县、南召县、镇平县、内乡县、淅川县、邓县、新野县、唐河县、桐柏县、泌阳县、方城县12个县(市)属南阳专署管辖。1965年11月13日,国务院第159次全体会议批准设立社旗县,社旗县由南阳辖属地区:南阳县、唐河县、方城县、泌阳县分割设立。1966年,南阳行政公署仍辖十三县市,因由国务院批准河南省增设驻马店地区并划走泌阳县,析出社旗县,这十三个县市分别为南阳市、南阳县、南召县、方城县、唐河县、新野县、桐柏县、邓县、淅川县、内乡县、西峡县、镇平县、社旗县。1994

年 7 月国务院批准撤销南阳地区，设立地级南阳市，实行市带县的领导体制。

（二）南阳的古都文化

南阳人文荟萃，文化璀璨。世界著名的"浑天仪""候风地动仪""记里鼓车""测影土圭""独飞木雕"等伟大发明创造，以及天文、历法、算学、黄学、建筑学上的《灵宪》《算罔论》和至今仍然造福人类的《伤寒杂病论》《农桑辑要》《中国大百科全书·建筑》等科学著作，皆出于南阳的人文智慧。南阳的教育在汉代已很发达，班固曾言"四海之内，学校如林，庠序盈门"，自汉至今，文风不衰。发达的经济、灿烂的文化造就了无数杰出人物，越大夫范蠡、东汉大科学家张衡、大医学家张仲景等名人均诞生于此，汉光武帝刘秀、黄巾军首领张民、三国时诸葛亮、名将黄忠、元代农学家师文、明代名士王鸿儒等皆于此地崛起。

南阳的楚文化、汉文化、三国文化在中国历史上有着重要地位，是国务院公布的第二批全国历史文化名城之一，有灿烂的历史文化遗产和名人逸事遗迹，名胜古迹遍及绿山秀水之间。在诸多名胜古迹中，南阳知府衙门、张衡墓、张仲景墓及祠、社旗山陕会馆、武侯祠、内乡县衙、淅川荆紫关古建筑群、邓州八里岗遗址、淅川香岩寺、邓州福胜寺塔、南阳鄂城寺塔、南阳汉代冶铁遗址、唐河泗洲寺塔，被国务院列为全国重点文物保护单位；宝天曼被定为全国重点自然保护区和世界生物圈保护区；武侯祠、卧龙岗、汉画馆、医圣祠等被国家旅游局定为国家级的旅游景点。

南阳是烙画的故乡，被称为"世界艺术一绝"。南阳还是饮誉海内外的"玉器之乡"，南阳的独山玉，被国际上称为"东方翡翠"，产量居我国四大名玉之冠。南阳也是全国重点地毯产区之一。玉雕、烙画、地毯被誉为南阳工艺三宝。南阳自古就以"柞蚕之乡"出名，其丝绸在国际上享有"霸王绸"和"丝绸之王"的盛誉。

1. 南阳府衙

南阳知府衙门位于南阳市中心民主街上，为元代以后官府所在地。在我国现存的古建筑中，宫殿衙署一类已寥寥无几，如今全国除了北京清代故宫、保定直隶总督衙门、山西霍州清代知州衙门、河南内乡县清代县衙外，保存较完整的知府级衙署，仅有南阳府衙一处。元世祖忽必烈于至元八年（1271

年）占领南阳，改金的申州为南阳府，并在城内西南隅（今民主街）建了知府衙门。明洪武三年（1370 年）、正统五年（1440 年）分别重新修葺并加以扩大。清康熙二十三年（1684 年）再次修葺扩大，使其成为一处规模宏大、布局严谨的封建府级官署建筑群。

南阳知府衙门在多次战乱中未遭很大的破坏，主体建筑都完整地保存了下来，现存的府衙大院南北长约 240 米，东西宽约 150 米，占地 100 多亩。保存下来的古建筑有照壁、大门、仪门、大堂、寅恭门、二堂、内宅门、三堂及部分耳房、配房、厢房、傍房、库房、科房、官邸和吏宅等共 140 余间。大堂坐落在石质台地上，为单檐硬山式建筑，斗拱疏朗，梁架奇巧，是当年知府宣读诏旨、接见官吏、举行隆重仪式的地方。二堂又称"思补堂"，旧称后厅，是地方长官处理一般公务的地方。三堂旧称退厅，是知府大人处理内务的地方。大堂、二堂、三堂的檐前都有饰花，这些木刻的饰花雕刻精湛，技艺高超。

南阳府衙是历史遗留下来的保存比较完整的郡府级官署衙门，自元初至清末，先后有 175 任知府在此任职。因此，南阳知府衙门对于研究中国古代官署的规划、形制、发展、变迁以及地方官吏的袭封、属员、诉讼、赋税、祀典、政事等都有十分重要的价值。南阳知府衙门多样化的群体布局、完整的木构架体系以及优越的抗震性能，对研究我国古代建筑艺术也有很高的价值。

2. 汉宛城遗址

汉宛城遗址位于南阳市城区的东北部，遗址面积 4 万平方米，现存有城垣遗迹和高台建筑遗迹等。古宛城是一座历史悠久、规模宏大的古城，原有两重，即外城和内城。外城即郡城，也称"郭城"，城周 18 公里，当为生产区、生活区和工商贸易区；内城即小城，位于大城西南，应是封建官吏的宫殿区。

汉代宛城遗址是河南省重点文物保护单位，它对研究汉代的政治、经济、文化和社会状况以及古代城市的形成和发展都具有重要意义和价值。

3. 内乡县衙

内乡县衙位于内乡县城东大街，坐北朝南，始建于元朝大德八年（1304 年），清光绪二十年（1894 年）重建，现存房屋 117 间。这是我国目前唯一保存比较完整的封建朝代县级官署衙门，有"中国第一衙"之誉。内乡县衙与山西霍州署衙、南阳府衙、河北保定直隶总督府和北京故宫形成中国五大古衙。内乡县衙博物馆向人们展示了当年封建县衙的风貌，是中国古代县衙建筑的标本，享有"龙头在北京，龙尾在内乡"的美称，1996年已被国务院列为第四批全国重点文物保护单位之一。

内乡县衙作为封建时代县级官署衙门达700多年，现存建筑为清光绪时正五品知县章炳焘主持修建。当时县官多为七品，唯内乡高出二级，因此县衙也修得宏伟壮观，是河南省西南地区当年最大的一座县衙。整个县衙占地2.7万平方米，共有房舍280余间，一色青砖，高低错落，主次分明，廊道相连，庄重古朴，兼备长江南北的建筑风格，现存建筑基本上保持了原有风貌。

内乡县衙现保存有照壁、宣化坊、大门、寅宾馆、衙神庙、三班院、清代监狱、仪门、生门、鬼门、大堂、二堂、三堂、夫子院、东西花厅院、后花园等。所有建筑物均有匾额和楹联，其中最著名的当属三堂前的对联："得一官不荣，失一官不辱，勿说一官勿用，地方全靠一官；吃百姓之饭，穿百姓之衣，莫道百姓可欺，自己也是百姓。"

内乡县古称菊潭，意为菊花之乡，地理上它守八百里伏牛山之门户，把秦楚交通之要津，曾为重镇。县衙博物馆已成为中外专家学者研究中国古代县级政府机构设置、官员职能及审判制度的历史标本。

4. 王府山

王府山位于南阳市老城区北部共和街，为明藩唐定王府花园中的一座假山，全部用江苏太湖石砌成，仿阁楼式塔形结构，5级逐层递减，呈圆锥状。山腹用奇石营造成形态各异、大小不同的4个石窟，石阶60级，绕行3周可达山顶，山麓建有神庙。

5. 鄂城寺塔

鄂城寺塔位于南阳市卧龙岗区石桥镇，建于隋大业十三年（617年），为六角形砖石结构，7层。二层塔身、塔壁有砖刻佛像8尊，坐、立各半，栩栩如生。院内有宋代雕刻的石狮2座。寺内古树葱郁，生机盎然，已被国务院列为全国重点文物保护单位。

6. 南阳汉画馆

南阳汉画馆位于南阳市汉画街，是我国第一座专门珍藏、陈列汉代画像石刻的艺术博物馆。汉代画像石刻是我国古代艺术中的瑰宝，被誉为"敦煌前的敦煌"。南阳汉画馆创建于 1935 年,是中国早期的艺术博物馆之一。1999 年 12 月建成的新馆,是坐西向东雄伟壮观的仿汉建筑。馆内珍藏汉画像石近 3000 块,并把发掘的典型汉画像石墓迁移至馆内复原陈列,是目前我国建馆最早、藏品最多、规模最大的汉画石刻艺术陈列馆。

汉画像石是汉代用以砌建墓葬的建筑材料,一般装饰于墓室或祠堂。题材广泛,内容丰富,是汉代人以刀代笔、在石头上镌刻出的一部汉代史,是我国美术史上的一颗明珠。

汉画像石与汉画像砖、汉代陶狗被称为"南阳汉文化三绝"。

7. 南阳伏牛山世界地质公园

南阳伏牛山世界地质公园位于河南伏牛山脉的腹地,由内乡宝天曼地质公园、西峡伏牛山地质公园和丹江风景区、南阳恐龙蛋化石群及独山玉矿山公园等资源组成。

宝天曼是河南省唯一的世界生物圈自然保护区,区内沟壑纵横,地形复杂,山势陡峭,群峰林立;重峦叠嶂,仍然保持着原始生态系统,是河南省保存最完好的原始森林。

伏牛山山势挺拔,群峰对峙,多奇峰突起,又多悬崖峭壁,重峦叠嶂,素有"八百里伏牛山"之称,是长江、黄河、淮河三大水系的分水岭。山岭多由燕山花岗岩组成,两侧为古老的变质岩,是中国暖温带与北亚热带的自然分界线。山势高峻,气候湿润,垂直变化明显,天然植被保护较好,是国家级自然保护区。

丹江风景区位于南阳的淅川县,是以丹江水库为基础形成的自然风景名胜区。丹江两岸文物古迹遍布,自然景观绮丽多彩。

南阳恐龙蛋化石群是全世界最具影响力的生物化石景观,其分布面积之广、数量之大、种类之多、原始状态保存之完好世界罕见,被誉为"震惊世界的重大科学发现。"

独山玉矿山公园位于南阳市区的独山,因其孤峰独立,一山突起,颇具独秀之象而得名。山中盛产闻名遐迩的独山玉,独山玉与独山茶、独山矿泉水为独山三大特产。矿山公园将多年开挖采玉形成的自然旧矿洞,配上游道、壁画、小布景、灯光等精心雕琢成巧胜天然的游洞。山上有祖师庙、三贤祠、玄妙观、豫山寺等。独山森林资源丰富,森林覆盖率达 95% 以上,是省级森林公园。

四、殷商古都——朝歌（淇县）

（一）淇县的发展历程

淇县历史悠久，文化灿烂。早在 7000 年前的新石器时期，生活在这片古老土地上的淇河儿女，春种秋收，夏网冬猎，"采采苤苢"，"坎坎伐檀"，创造了淇河文化，发展了人类文明。

淇县古称朝歌，亦称殷国、雅歌、朝歌、临淇。商朝，是四代帝王的首都。周朝，卫国都朝歌 831 年。春秋时期改为朝歌邑，属晋国。战国时期属魏国。

秦朝时期朝歌邑属三川郡。秦朝末期，西楚霸王项羽分魏地析置殷国，都城设于朝歌。西汉初期，于殷国旧址设朝歌县，属河内郡。新王莽时改朝歌为雅歌。东汉时期又复置朝歌县，汉建安时期改属魏郡。三国时期曹魏国升朝歌为郡，属冀州，辖朝歌、汲、共、林虑、获嘉、修武六县。晋朝时期改朝歌郡为汲郡，朝歌县属之，属冀州。南北朝时期，刘宋政权改朝歌县属司州部河内郡。北魏时期分朝歌西北置临淇县，属林虑郡。东魏天平元年复置朝歌县，东魏天平二年分朝歌县北为魏德县。北周武帝改义州（今河南卫辉）为汲郡，治所在朝歌。隋朝时期初年改汲郡为卫州，隋大业二年（公元 606 年）废清淇县和朝歌县，改置卫县，改置汲郡于县治。唐朝贞观元年（公元 627 年）改朝歌殷墟地以西为卫县鹿台乡。五代时期、宋朝时期、金国时期因之。元朝宪宗五年（公元 1255 年）于鹿台乡置淇州，卫县废为集，并置临淇县；元至元三年（公元 1266 年）废临淇县入淇州。明朝洪武元年（公元 1368 年）改淇州为淇县，属卫辉府。

中华人民共和国成立后，淇县属安阳管辖。1954 年淇县并入汤阴县，1962 年恢复淇县建制，1986 年由属鹤壁市辖至今。

（二）淇县的古都文化

战国时期，一代高人、纵横家鼻祖鬼谷子王禅隐居在朝歌云梦山聚徒讲学，创办了中国历史上第一座"军政学校"，培养出孙膑、庞涓、苏秦、张仪等当时驰骋天下的风云人物。淇县位于华北大平原的南端，西有连绵不断的千里太行，东、北、南有洪河和卫水，两水环绕，三山叠翠，自明代起，淇县便有淇园竹翠、胜水流清、鹿台朝云、钜桥夜月、纣窝滩声、朝歌野色、青岩仙境、灵山龙泉八大景观。

淇县沉淀着厚重的殷商文化，在民间，广泛流传着许多又古老又新奇的殷纣故事，明代许仲琳正是在这些丰富浩繁的传说故事基础上，演绎出一部文学名著《封神演义》。在朝歌，更有数不胜数的殷商文化遗址，如淇县古城遗址、牧野古战场遗址、摘心台、鹿台、纣王墓、殷王殿、殷故宫遗址以及纣王以酒为池的"观牛饮"酒池、围猎的鹰犬城、养鹿的鹿场、养鱼的殷鱼池、祭天的郊台、屯兵的朝歌寨、饮马池、殷将黄飞虎守的淇水关等。

1. 古城遗址

古城遗址为三道城墙，是殷代晚期帝乙、帝辛的都城。道城墙在朝歌北10公里的商村一带，保存有夯土遗迹；二道城墙在朝歌北三里桥东侧和淇县火车站东，残长370米，宽56米，高8.7米，面积为2万平方米，夯土每层5～6厘米，小夯窝清晰可辨；三道城墙即朝歌周围的夯土城墙，城墙西北角城壕断崖上堆积很厚的灰土和灰坑，发现有黑色磨光陶片、三角形鼎足等，均有商代二里岗时期的特征。

2. 摘心台

摘心台原叫妲己台，位于淇县城西北隅，台高13米，周长300米，台上建有摘心楼，原叫摘星楼，是殷纣王和嫔妃们朝夕游乐的地方。因殷纣王在此台上将比干剖腹挖心，人们为了纪念比干，将台改名为摘心台，将楼改名为摘心楼。摘心楼巍峨壮观，为重檐歇山式楼阁，现已开辟为摘心台公园。

3. 鹿台

鹿台位于淇县西南8公里的金牛岭，殷纣王帝辛为了把朝歌变成游乐的场地，强迫成千上万的奴隶，花了7年的时间，建了一座周长三里、高达千尺的鹿台。鹿台上楼观巍峨，亭阁秀丽。登上鹿台如临仙境，极目远望，朝歌远近的景物尽收眼底。由于这里三面环山，每逢朝阳初开，岚雾缭绕，满天红云，"鹿台朝云"成为朝歌八景之一。武王伐纣，纣王牧野战败，跑到鹿台，穿上他的宝石编缀的衣服，自焚而亡。所以，鹿台也是周灭商的历史见证。

4. 酒池遗址

酒池遗址是殷纣王饮酒作乐之地，他在朝歌的苑囿（今淇县西北的大洼村）里挖了大池子，四壁和底部加固后，放满酒，称为酒池。酒池内的酒可供3000人痛饮，把煮熟的肉挂在池周围的树上，可随手取食，故称之为"酒池肉林"。

5. 纣王墓

纣王墓位于淇县城东8公里处的河口村北淇河大堤上。纣王于鹿台自焚而亡后，其子武庚遵父遗嘱，将其葬于淇河西岸。墓冢有二，南边的大冢高12米，宽25米，长100米，为纣王墓，北边的小冢为妲己墓。站在墓侧远眺太行山，苍苍茫茫，连绵起伏，犹如城垣，护卫着陵墓。纣王墓东临淇河深潭，日夜涛声盈耳，"纣窝滩声"为朝歌八景之一。

6. 淇园

淇园位于淇县县城西北，西周卫武公时修建，这是我国第一座皇家园林，历代文人骚客慕名登临，留下许多诗篇。淇园现有仙人梯、林泉洞、林泉沟、将军石、前嘴石窟、八一纪念林、武公祠水库等景点20多处。

7. 灵山寺

灵山寺位于淇县西北太行山山麓，自古就是风水宝地，寺西有女娲宫，相传是殷纣王降香的地方。灵山寺现存女娲峰、古佛洞、女娲宫、玉带河、黑龙潭、大佛殿、观音洞、卧虎洞等景点40余处，雄浑秀丽的山水景色与千年古迹、优美传说融为一体，构成了独具特色的旅游胜地。

8. 朝阳寺

朝阳寺位于淇县县城西5公里处的朝阳山半山腰。依山建造，贴壁而生，飞檐凌空，遥望如空中楼阁，故又称悬空寺。朝阳寺四季暖意融融，传说，原为纣王设行宫采暖的地方。寺内的饮马池是纣王饮马之处。现寺庙经过修复，气势宏大，金碧辉煌。

9. 淇河风光

淇河是一条史河、诗河、文化河。淇河中下游有新石器时期至东周的古文化遗址65处，汉魏以后的古遗址、古石窟、古墓葬数不胜数。淇河自古备受文人学士、骚人墨客的青睐，现存历代游淇河诗文200多首（篇）。如今，淇河河水清澈甘洌，是中原地区唯一未受污染的河流。

五、汉魏古都——许昌

（一）许昌的发展历程

许昌市为省辖市，位于河南省中部，北部与郑州市、开封市相接，东与周口相连，南为漯河市，西为平顶山市。许昌是国家园林城市，河南省历史文化名城，河南省重点旅游城市，国家"三国战略旅游线"的重点旅游城市。

距今15000多年的远古时代，先民们就在这块肥沃的土地上捕鱼打猎，繁衍生息，创造了灿烂的古代文化。唐尧时代，许姓始祖许由率部来此牧耕，后人为纪念许由的开拓之功，将此地称为"许地"。夏朝建立，禹域分为九州，许地属豫州。周武王分封诸侯，封伯夷之后文叔于许，史称"许男""许国"，都城在今许昌县古城村。秦时以原许国地设许县。

许昌是三国文化的重要发祥地之一，是汉魏帝都所在，是曹魏集团同吴、蜀抗衡的军事大本营，也是当时我国北方政治、经济、文化中心。据史书记载，汉献帝建安元年（196年）秋九月，曹操采纳谋士荀　和毛玠的建议，"迎驾"东汉王朝十三代君主——汉献帝刘协，定都许昌，改元建安。曹氏集团雄踞许昌25年，以"挟天子以令诸侯，修耕植以蓄军资"为方针，历文治，兴文学，广揽人才，征战四方，终于完成了中国北方的统一。曹操虽位至相，仍为人臣名分，但实际上在行皇帝之事。建安二十五年（220年）冬十月，曹操之子曹丕在许昌代汉称帝，择国号魏，是为魏文帝，追尊曹操为魏太祖武皇帝。十二月，曹丕将国都由许昌迁至洛阳，同时，列许昌为魏五都之一，因此，称许昌为汉魏古都，古称许都。以后历代许昌一直为郡、州、府、署、县治所。

中华人民共和国成立后，1954年10月，临汝县改隶洛阳专区管辖。1964年3月，平顶山市改称平顶山特区，从许昌专区划出。1965年5月，扶沟、西华、商水3县划入周口专区。1979年，舞钢区从平顶山市划入许昌地区。1982年11月，复划入平顶山市。1983年10月，许昌地区所属的鲁山、宝丰、叶县划入平顶山市。1986年1月18日，经国务院批准，许昌地区撤销，升为地级市，辖魏都区、许昌县、长葛县、鄢陵县、禹县。襄城县、郏县划归平顶山市。舞阳县、临颍县、郾城县划归漯河市。1988年6月25日，禹县改为禹州市。1993年12月14日，长葛县改为长葛市。1997年8月25日，襄城县从平顶山市划入许昌市。2016年12月11日，国务院批复同意撤销许昌县，设立许昌市建安区。

（二）许昌的古都文化

许昌是三国曹魏的大本营和三国文化的发祥地之一，这里三国时期的名胜古迹灿若繁星，如汉魏故城遗址、汉献帝祭天的毓秀台遗址、许下屯田的营屯遗址、曹营碾米处遗址、许田围猎的射鹿台遗址、曹丕登基的受禅台遗址、陈蹇故里遗址、钟繇故里和钟繇洗砚池遗址、郭嘉故里遗址、司马懿屯兵处遗址、受禅碑、华佗墓、汉献帝的衣冠冢愍帝陵、曹操论事城和议事台遗址、关羽夜读《春秋》的春秋楼、关羽挑袍的灞陵桥、魏文帝庙、张飞庙、邓艾庙、五虎庙等，共80余处，占全国现存三国遗迹500余处的六分之一。

1. 汉魏故城遗址

汉魏故城遗址位于许昌市东南建安区张潘乡古城村，是献帝刘协受曹操之迎"都许"之地。东汉末年，各州郡拥兵自立，豪强地主争城略地。连年的战乱，造成了"州里萧条，民人相食"的悲惨局面，都城洛阳也因战乱而屡遭破坏。东汉政权分崩离析，末代皇帝献帝刘协成为各个军事集团争夺和控制的对象。建安元年（196年），控制着今天许昌地区的曹操，在政治上为了"挟天子以令诸侯"，加强他在群雄争霸中的地位，称都城洛阳物资供不应求，民食艰难，挟持汉献帝"车驾出糇辕而东，遂迁都许，立宗庙社稷于许"。在经济上，曹操"修耕植以蓄军资"，"募民屯田许下，得谷百万斛"。在军事上，曹操以许昌为基地，首先削平了吕布等封建割据势力，于公元200年大败袁绍于官渡，又于公元207年大败乌桓族的割据政权，从而统一了中国北方。公元208年曹操统兵20余万大举南下，以一统全国，不料被孙权和刘备的联军用火攻败于赤壁，曹操留兵守江陵和襄樊后回许都。刘备乘势夺取荆州的大部，后又取益州，孙权向东南和岭南扩张，形成了魏、蜀、吴三国鼎立的局面。

汉魏故城从建安元年秋九月献帝自洛阳移驾至此，至建安二十五年冬曹丕代汉称帝迁都洛阳时止，曹操及其集团据此不仅完成了北方的统一，而且为统一全国奠定了基础。所以，这座都城有着特殊的历史地位和色彩，是当时我国北方政治、经济、军事和文化的中心。

2. 受禅台和三绝碑

受禅台和三绝碑位于漯河市临颍县西北部的繁城镇，繁城古称繁阳亭。

它北靠许昌，南临颍河，三国时是通往夏口（汉口）的必经之路，是汉魏都城的屏障，军事上是一个兵家必争的战略要地，所以曹操曾屯重兵于此。当年魏王曹丕接受汉献帝的禅让登基称帝，也在此。

受禅台和三绝碑是三国时期的真迹，是汉魏更迭的见证，具有重大的历史价值，已被列为全国重点文物保护单位。

3. 张飞庙

张飞庙又名张公祠，位于许昌市东南张潘乡古城村西北隅。相传此处曾是汉魏许都的馆驿，当年张飞曾在此住过，故后人于此建祠祭祀。

张飞庙坐落在隆起的一块高地上，占地20亩，原有殿宇50余间，是融佛、道、儒于一堂的大庙，始建于汉建安年间，历代都有重修。主殿四楹，内祀刘备、关羽、张飞。庙内有明嘉靖七年《重修汉司马张公祠》碑记一通，碑文盛赞张飞的智勇节义。据传，清嘉庆年间许州知州包敏巡视路过此处，见张飞庙规模宏伟，不满地说："张益德何德之有，受此厚遇？"旋又到附近的包公庙，见殿堂十分简陋，于是下令将包公庙里的包拯塑像抬到张公祠里供奉，使相差近千年的两人同吃供果于一堂，故当地人将张公祠又叫包公庙。如今庙犹存，内仍供张飞、包拯塑像。

张飞庙不仅因历史悠久、建筑雄伟而闻名遐迩，更因庙中有"五奇"而令人向往。

一是石奇，名曰"张飞风雨石"。此石镶嵌在山门东西墙壁上，东为雨石，西为风石。两石有预测风雨之灵，如果雨石润湿有露，天将下雨；如光滑干爽，将为晴天。风石若现云纹，则有风暴；如净如明镜，则风轻柔和。传说，这是张飞随刘备来许都时携带来的宝物。

二是树奇，名曰"三姓树"。古树枝繁叶茂，亭亭如盖，有松、柏、桧三种枝叶，各为一簇，呈鼎足之势，向三个方向伸展。树半腰上，有一纹节，形如幼狮之头，颇为逼真。传说，刘备、关羽、张飞当年在这里住时，都把马拴在这棵树上，故被称为"三姓树"。旧时，凡结兄弟之义者，都到这棵树下焚香盟誓，以示生死不渝。

三是山门奇。其山门为楼阁式砖木结构，既是寨门，又是道教中洞天门，从内看上边为戏楼。一楼三用，与三姓树相呼应，皆有三结义之含义。

四是砖奇。其山门的下部是用4000多块汉砖砌筑，而中部是明代砖，上部则是清代砖，说明此建筑始建于汉魏，重建于明，重修于清。其中汉砖纹饰精美，或鱼或草或鸟或云或图，是汉砖的珍品，具有重要的考古和观赏价值。

五是碑奇，名曰地震碑。祠内有两块石碑，记载了明、清许昌发生的两次大地震，震时、震感和破坏情况，记述甚详，是研究许昌地震史的珍贵资料。

4. 华佗墓

华佗墓位于许昌市北 10 公里的建安区苏桥镇石寨村西南的石梁河畔，我国共有三座华佗墓，江苏徐州和西岳华山玉泉院的华佗墓，均为纪念性的衣冠冢，唯许昌华佗墓为华佗葬身的真迹。

华佗又名旉，字元化，沛国谯（今安徽亳州市）人，三国时代杰出的医学家，被誉为"神医"，与南阳张仲景齐名于世。华佗精通内、外、妇、儿、针灸各科，尤擅长外科，创世界最早手术麻醉药"麻沸散"，是世界上第一位用麻醉剂做手术的医生。华佗不仅医术高超，而且医德高尚。他治病不论人之贵贱，均热忱接待，悉心诊治。他经常身背药囊，游医四方，为千家万户解除病痛之苦。华佗还通晓养生之术，主张经常锻炼，增强体质，提高抗病能力。他创编了"五禽之戏"健身法，即教人模仿鸟、猿、鹿、熊、虎五种动物姿态的体操，因而被称誉为我国医疗体操的创始人。

相传，关云长水淹七军后，威名大震，乘胜攻打樊城，为曹仁毒箭射中。华佗独驾小舟，亲赴营寨，刮骨疗毒，使关羽康复如初。曹操建始殿，伐跃龙潭边巨木，斧锯不入，疑是天神降罪，头风复发，疼痛难禁，令人请华佗治疗。华佗诊脉视疾，欲请曹操先饮麻沸汤，而后用利斧砍开脑袋，取出风延。曹操疑其与关公情厚，乘机加害，怒将华佗下狱，严刑拷问。狱中吴姓狱卒，每日以酒食供奉华佗。华佗感其恩，以所著青囊书赠之，欲传其绝技于身后，普及天下病人。十余日后，华佗死于狱中，青囊书被狱卒之妻所焚，故医书失传。现存《中藏经》一书，系后人托名而作。

华佗死在许昌，葬在许昌。现墓高 4 米多，占地 500 平方米。墓前有碑楼，碑楼青砖灰瓦，花脊翘檐，几只瓦制鱼兽伫立于上，为典型北方农村门楼式样。碑楼正中嵌"汉神医华公墓"楷书石碑一通，系清乾隆十七年（1752 年）许州地方名医捐资所立。墓地周围，六角形青砖花墙环绕，翠柏青松掩映，颇感清幽、肃穆。

5.许昌博物馆

于 1989 年 12 月建成的许昌博物馆为仿汉建筑,其造型别致,恢宏壮丽,与文峰古塔相映生辉。许昌博物馆占地 14000 平方米,建筑面积 5366 平方米,建筑设计和展厅陈列内容有着浓烈的汉魏遗风和丰厚的三国历史文化内涵,进入馆内,犹如置身于 1800 多年前的汉魏时代。

博物馆院内有长廊 233 米,其外檐镶嵌古朴典雅的仿汉画像石浮雕图案,廊内侧彩绘《煮酒论英雄》《战官渡》《灞陵挑袍》《赤壁大战》《张松献图》《曹操迎贤》《五丈原》《姜邓斗智》《政归司马氏》等 49 幅三国名人故事壁画,展现了汉魏文化风貌。

博物馆南院设"许昌汉魏历史文物"展厅,陈列有极为珍贵的汉魏时期的许都皇宫建筑构件,如饰青龙、白虎、朱雀、玄武四神浮雕的柱础,阙楼画像砖,云纹瓦当和兽形瓦当等。还有汉魏时期的兵器和军用品以及曹操许下屯田使用过的铁犁铧和生活用品汉铜镜、白玛瑙佩饰、铜熨斗、铜熏炉等。再现了曹操迎汉献帝都许后,搞屯田,开运粮河,兴土木,选贤纳士,倡导文学,逐鹿中原,削平群雄的历史风貌。在通向文峰塔的庭院中,有汉画像石展廊,展出东汉和三国魏时的画像石 300 余件,画像雕刻细腻,显示了许昌汉画像石的独有特点,充分展示了当年许都独特的文化风貌和精湛的艺术技巧。

6.文明寺塔

文明寺塔又名文峰塔,位于许昌市东南隅的许昌市博物馆内,建于明万历四十二年(1614 年),清康熙、嘉庆、道光年间相继修葺塔顶。该塔造型优美,结构严谨,挺拔耸秀,被誉为"文峰耸秀",是河南省明代砖塔之冠,已被列为全国重点文物保护单位。

文明寺塔为八角形 13 层楼阁式砖塔,通高 52 米,由地宫、基座、塔身、塔刹四部分组成。基座用青石砌成八角形,雕饰浅刻仰覆莲瓣、云纹、卷草,细美秀丽。砖砌塔身巍峨挺拔,高耸入云。塔檐下用仿木结构斗拱装饰,翼角伸出石雕龙头角梁,使翼角翘起,翩翩如飞。塔身各壁皆有门窗,有的窗眼外边还嵌砌有石质圆形花窗。由底层南塔门入内为八角形塔心室,室内原有密宗塑像千手千眼佛,现已不存。室顶用砖质小斗、拱斗、叠涩砖、棱角牙子砖相间砌出玲珑优美的藻井。其上诸层分设八角形塔心、塔心柱,供奉白衣菩萨或文昌帝君。塔内有盘旋梯道,可登塔顶眺望许昌全城景色。地宫以两条青石铺盖，当地人们俗称水井，侧耳细听似有水流潺潺，每逢四月初八，井下有金鸭鸣叫。其实当年地宫仅是存放陶器或信物的，因数百年来水浸，故似有水声。

7. 小西湖

小西湖位于许昌市西北隅，东汉末年因挖土筑城，形成坑洼，后导入水，汇集成湖，名西湖。苏轼为官杭州时，曾致书州官，建议将许州西湖改名为"小西湖"，遂有小西湖之称。《永乐大典》称"天下西湖三十六，许州（许昌）西湖在其中"。

1958年政府基于小西湖遗址建成西湖公园，古建筑德星亭、听水亭、读书亭、梅花堂等得以再现历史风采，小虹桥、烟波桥、聚星桥点缀其间，成了市民休闲的好场所。在第三次全国文物普查活动中，小西湖遗址被定为"不可移动文物"。

六、华夏第一都——禹州

（一）禹州的发展历程

禹州，简称"钧"，河南省辖县级市，许昌代管。禹州地处中国华中地区、河南省中部，北距省会郑州80公里，位于中原经济区核心区。

在原始社会时期，禹州境内就有远古先民在此生息繁衍，禹州有距今7000年至5000年的仰韶文化遗存和距今4800年至4300年的龙山文化遗存。

禹州是黄帝活动的主要区域之一，禹州境内的具茨山上有大量的岩画、石质城堡和巨石文化遗存，据古籍记载为黄帝活动留下的遗迹。尧舜时期禹州称夏（夏者，帝禹封国号也），是当时夏部族活动的主要区域。大禹为夏部族的首领，因其治水有功被封于夏，史称"夏禹国"。《水经注》记载："经阳翟（禹州）故城，夏禹始封于此，为夏故国。"夏朝时禹境称"夏邑"或"夏国"，亦称"虞国"，曾长期作为夏朝的首都。《水经注》载："河南阳翟县有夏亭城，夏禹始封于此，为夏国"。《竹书纪年》载："夏禹之子夏启，即位夏邑，大享诸侯于钧台，诸侯从之"。后夏迁都山西安邑。帝相失国后，少康中兴，也由夏众灭浞，奉少康归于夏邑，诸侯始闻之，立为天子，建都于少康城（禹州市顺店镇康城村）。故在史籍中，早期多称禹州为夏邑。商朝禹地分布的诸侯国有历（今禹州市区）、康（今顺店镇康城村），商汤曾将夏禹的后裔封此此。

西周以此地为历邑，周武王时，封武王之弟于康（禹州市顺店镇康城村）。春秋时期禹州称为栎邑，是郑国的别都。周襄王十六年（公元前636年），北方翟人（亦称狄人）入据栎地，因其地在嵩山之阳，改称阳翟（音狄）。周威烈王十八年（公元前408年），韩景侯虔将韩国国都自平阳迁至阳翟。韩哀侯二年（公元前375年），韩灭掉郑，遂迁都郑（今新郑市）。五年之后，在周烈王六年（公元前370年），韩懿侯将国都复迁阳翟。秦统一中国后，改名"颍川郡"，辖20个县。金初改为"钧州"，明万历年间为避神宗朱翊钧名讳，改为禹州。1843年李自成攻占禹州，改名"钧平府"。

中华人民共和国后仍设禹县，先后曾隶河南省许昌专署和许昌市。1988年6月25日，国务院批准撤销禹县设立禹州市，为省直辖县级市，计划单列。

（二）禹州的古都文化

4000多年前，大禹在此治水10年，三过家门而不入，终于降服了水怪，锁住了蛟龙。舜因此封禹于此，赐爵夏伯，国号为夏，都于此地称"夏邑"。夏启曾大会诸侯于钧台，在此建立夏朝，这里是夏朝第一个建都之地，因此有"华夏第一都"的美称，现留有古钧台、禹王锁蛟井等遗址。

禹州是中国中医药发祥地之一，是中国历史上的药都，与河北安国、安徽亳州、江西樟树并称为中国四大药都。古代神医扁鹊、医圣张仲景、药王孙思邈都曾来禹州行医、采药、著书立说，孙思邈晚年病逝于禹州，建有药王祠以作永久纪念。早在明朝时，这里就已形成药业兴隆的闹市，到清康熙年间，已发展到每年春、秋、冬三季定期的药材庙会，城内大街药店招牌林立，无街不药行，处处闻药香，全城药行达450多家。全国各地药商大量来此汇集，逐渐按行业类别自行组合成帮，至今还保存着陕西会馆、怀帮会馆、十三帮会馆、江西帮会馆等古建筑群。

禹州还是我国著名的瓷都，是被誉为"天下神品"的钧瓷产地，有"钧瓷之乡"的称誉，现保存有古钧窑遗址。素有"钧都"之称的神垕镇，现代钧瓷生产规模宏大，一派兴旺景象，已成为面貌一新的瓷都。禹州市已被中国民间文艺家协会命名为"中国陶瓷文化之乡。"

1. 古钧台

古钧台位于禹州市城内钧台街。古钧台又称夏台，始建于公元前21世纪的夏代，距今已有 4000 多年的历史。明嘉靖十年知州刘魁建禹庙、汤庙，清康熙二十八年知州于国璧建大门，题名"古钧台"，清末毁于战火，目前被重新修葺一新。钧台为一略呈正方形的高台，台高 4.4 米，阔 7.4 米，长 6.15 米，台上建有四角攒尖式亭子，十分壮观。钧台是我国最早奴隶制国家夏朝举行大典的地方。钧台正中大门两侧有"得名始于夏，怀古几登台"的对联。相传，清代有位县官，常在傍晚登台观赏西山（神星山）晚霞，作诗刻于山门两侧。《左传》中亦有"夏启有钧台之享"的记载。当时大禹治水有功，舜推举禹为部落首领，禹死后其子启继承父位。夏启一统天下后，在夏台召集天下部落首领登台同庆，以示他登上了王位，并于台上宣告"废禅让而家天下"，建立了我国历史上第一个奴隶制王朝——夏。到公元前 16 世纪，夏朝最后一个王夏桀，为了吞并商，将商部落首领商汤囚禁在夏台，激起商灭夏的决心。后来商起兵打败了夏桀，夏朝从此灭亡。

钧台传留至今，成为夏建立和商灭夏的历史见证。古钧台附近还有汤王庙、天宁寺等古建筑。

2. 禹王锁蛟井

禹王锁蛟井在古钧台左前方，此井其深莫测，相传与海眼相通，井口大石桩上系着铁链，下垂井内，从井口窥视，可见铁链锁着一条蛟龙。蛟用青石雕刻，头部露出水面，其相凶险。井旁塑有禹王神像，井上建有亭榭，雕梁画栋，十分壮观。

禹王锁蛟是我国历史上一个歌颂英雄的传说故事，相传在四千多年前的帝尧之时，洪水泛滥，山岭被围，毁灭了无数美丽、富饶的田园农舍。帝尧让鲧之子禹接继父业治理洪水。大禹历经 13 年，观察各地水情，顶风冒雨，日夜不懈，亲自持木耜和人民一起与洪水搏斗。他三过家门而不入，历尽艰辛，终于疏通五湖三江，导洪水入江海，平息了水患，人民得以安居乐业。

3. 药王祠

孙思邈，京兆华原（今陕西省铜川市耀州区）人，唐代医药学家、道士，被后人尊称为药王。孙思邈以"人命至重，有贵千金。一方济之，德逾于此。"之精神，积一生医学经验，著成《备急千金要方》和《千金翼方》，较全面地总结了自上古至唐代的医疗经验和药物学知识，丰富了我国医学内容，禹州药都因药王孙思邈而兴。

孙思邈在禹州行医采药，悬壶济世，治病救人的义行赢得了禹州人民的爱戴。禹州有山、有水、有岗、有平原的自然环境，使禹州药材丰富，道地药材众多，华夏第一都的禹州自古以来就是中药材集散地，禹州的特有地理为孙思邈行医施药提供了优越条件，方使孙思邈大展医技之术、方药之长，施针用灸、寻方问药、千金一方、一方千金、千金方成。孙思邈的千金方使禹州人民近水楼台先得月，继承发扬孙思邈的精神，使中草药行业形成支柱产业延续发展。

禹州人民为了纪念孙思邈，在其居住地建祠塑像，把他作为禹州家人来瞻仰。药王祠建成后，人们以祠堂为中心定期不定期进行药材交易，以至药王祠形成街道，后发展数百米长。到清末禹州城西半部的部分街道都经营药材。形成山货、中药、切药、丸散四大市场，遍布大街小巷。其中西关街为山货行，经营山冈药材；西大街、光明街、三官庙街、四角堂街、洪山庙街为中药行，经营各方道地药材；山林街、槐荫街是切药行，以饮片加工为主；八士坊街、黄家口街、旗毒庙街、城隍庙街为丸散业。由于全国药材向禹州汇集分散，各省及道地药材多的地方在禹州建立帮会，形成了独特的药材帮会文化。

4. 神垕镇钧窑遗址

钧窑是宋代五大名窑之一，以乳浊状天蓝色釉和多彩的窑变而闻名于世。钧窑属于北方青瓷系统，它成功烧制出的高温铜红釉，是对中国古代制瓷工艺的一大贡献。

2001 年，河南省文物考古研究所与北京大学考古文博学院联合对禹州市神垕镇的刘家门、河北地等窑址进行了考古发掘，清理出窑炉遗迹 8 座和石砌澄泥池 3 处，出土完整和可复原器物数千件，进一步确定了钧窑瓷器的烧制年代问题，被评为 2001 年度全国十大考古新发现。这里清理的 1 号窑炉是一座土洞式长方形双室窑炉，此种窑炉既不同于北方常见的馒头窑，也不同于南方流行的龙窑，为目前所仅见的一种烧瓷窑炉形制。

第三节　河南历史文化的传播发展

一、河南历史文化的特色传播活动

历史文化的生命力与作用发挥在于继承和传播。如何让河南历史文化再现往日风采，借以助推河南当代经济转型与社会发展，利用现代科技手段，创新历史文化传播渠道无疑是当务之急。下面以当地特色活动为例，分析河南历史文化的传播发展：

（一）马街书会

马街村位于宝丰县城南杨庄镇，历史上是一个"商贾云集，物产集散"的繁盛之地。马街村的西面和南面被山岭环抱，东面和北面为应河环绕，一派青山秀水。每年农历正月十三河南各地以及安徽、河北、四川、湖北、陕西、山东等省成百上千的民间曲艺艺人，负鼓携琴，天南海北，无论阴晴雨雪，艰难困顿，一路唱着而来，会聚马街，说书会友，弹唱献艺。其时，马街内外书棚相拥，方圆数百里数万、数十万人相聚于此。这就是绵延700余年而不衰、被称为中国文化史上一大奇观的正月十三马街书会，2006年已被列为第一批国家级非物质文化遗产。

每年的书会统计是按棚数计算的，一个说书摊为一棚，艺人在会上说唱，是为"亮书"；约请艺人说唱，则称之为"写书"。在这一带，人们因为各种喜事，如庆贺丰收、修房盖屋、娶亲嫁女等，有请说唱艺人回家说书的风俗。每至书会期间，他们（称为"写家"）在书会上到处游走听唱，遇到合适的唱棚，就和演唱者讨价还价，一经谈妥价钱，就把说唱艺人接走，痛痛快快地说唱几天。因此，有人把马街书会称之为艺术贸易集市。

马街书会固然是一个艺术集市，但之所以长盛不衰，更重要的还在于它是一种百姓的精神会餐。首先，马街书会是艺人自身传技、学技、团聚、朝拜的场所，已成为说唱艺人的精神寄托，成为说唱艺人的梦之地，成为说唱艺人的家，它的精神价值已经大于它的经济价值。另外，当地群众对艺人对书会有着特殊的感情。这一带有唱灯书的习俗，书会为唱灯书提供了条件。马街书会是与民间习俗乃至信仰相结合而形成的一种特殊的聚会形式，它生长于民间，是当代百姓生活、习俗、梦想的一种反映。

马街书会成于何时，正史中没有记载，只是在马街广严寺内有一明代石碑，碑里记载了马街书会成会在元代。但在民间有诸多说法，其中有一个说法，马街书会成于火神庙会。马街有个火神庙，是马街书会的主会场。马街村处于溃（沙河）汝（汝河）河流域，这个地方的村民有着浓重的信奉火神习俗，许多村镇都有信奉火神的火神社，村内建有供奉火神祝融的火神庙，马街火神庙是分布在溃汝河流域众多村镇火神庙的总庙。火神社是由每个村的村民结成的，每个火神社都要在农历正月十三至十六唱社戏，庆祝火神的诞生。到了元代，民间艺人会聚赛艺的书会形式兴起，便与溃汝河流域的火神崇拜习俗相结合，每个火神社的社戏都是从马街火神总庙庙会上"写来"的，久之便成了马街书会。至今，每年正月十三，各方艺人基本都以马街火神庙为中心，会聚一起，吹拉弹唱。

七百年保持旺盛而不衰的马街书会，其实就是一部当代社会生活史，折射了社会生活的方方面面，反映了当地独具特色的民俗文化，这在全国是独一无二的，早已闻名中外。

（二）安阳殷商文化节

商王盘庚在位时迁都到殷地（今安阳），而殷地此后成为商朝的永久都城，所以商朝也称殷朝、殷商。殷商的历史，约从公元前 1600 年至公元前 1046 年，长达五百多年，如果说夏朝是中华民族文明史的开始，而商朝就是中华文明史的继续。

安阳作为中国历史上第一个有着稳定疆域长期定届的国都，长达 270 余年，有着厚重的殷商文化积淀。每年 9 月 16～25 日，安阳市都要举办殷商文化节。主要内容有：具有殷商文化特色的专业群众文化活动，羑里城文王庙朝圣活动，游览安阳名胜古迹，同时还要举办对外贸易、科技信息发布和名优土特产品展销会。

（三）南阳国际汉代文化艺术节

南阳市是国务院公布的第二批全国历史文化名城，有着厚重的汉文化积淀，是中国汉代文化的代表，每年 9 月 25～30 日在南阳市都要举办南阳国际汉代文化艺术节，届时，海内外专家、学者、宾客、商客、游客会聚南阳，观光、旅游，学术交流、经贸洽谈，探访汉代文化。为了活跃气氛，同时还要举办大型丰富多彩的极具地方特色的民间活动。

南阳历史悠久，文化璀璨。春秋时楚置宛邑，故南阳称宛。悠久的历史，灿烂的文化，使南阳具有丰富的历史文化旅游资源，尤其是汉文化遗产遍及南阳绿山秀水之间，其主要的文化遗址和名胜古迹有：全国重点文物保护单位，中国汉代规模最大的冶铁中心——宛城瓦房庄冶铁遗址；全国重点文物保护单位，我国东汉时期伟大的科学家、文学家、发明家和政治家"科圣"张衡的长眠之地——张衡墓园；全国重点文物保护单位，我国誉满世界的汉代伟大的医学家"医圣"张仲景的墓祠纪念地——医圣祠；全国重点文物保护单位，三国时期著名的政治家、军事家"智圣"诸葛亮躬耕南阳的故址和历代祭祀诸葛亮的地方——武侯祠；河南省重点文物保护单位，对研究汉代的政治、经济、文化和社会状况以及古代城市的形成和发展都具有重要意义和价值的汉宛城遗址；河南省重点文物保护单位，始于西汉盛于东汉的规模较大的汉代冶铁场地——桐柏张畈冶铁遗址；河南省重点文物保护单位，对研究古代历史文化，特别是对楚文化和汉文化的研究有着重要价值的西峡白羽城遗址；西汉元帝时南阳太守召信臣倡修的水利工程遗址—新野召文渠；西汉元帝时兴修的著名水利工程——邓州汉代钳卢陂水利工程遗址；东汉末刘备、诸葛亮商榷军政事务的地方——新野汉议事台；世界最小的城，记录着南阳悠久历史文化的，远近闻名的一处胜迹——新野汉桑城；南阳市南瓦店镇刘营八里铺村的汉光武帝刘秀故里等。

南阳汉画像馆是一座收藏、陈列和研究汉代画像石的专业性博物馆，也是我国建馆历史最长、规模最大、藏品数量最多的一座汉代画像石刻艺术博物馆。天禄、辟邪是存放在南阳博物馆中的一对东汉石雕，是我国古代遗留下来较少的大型动物圆雕作品中的珍品，这对生动、雄浑的民间石雕艺术杰作，其奇特的造型和苍劲奔放的艺术表现手法早已闻名于世，具有极高的历史和艺术价值，是中华民族文化宝库中一件不可多得的历史文物。南阳汉代陶狗是摆在汉墓前室的立体造像，全国各地汉墓中大多都有出土，但以南阳出土量最大、种类最多、艺术最精、造型最为别致。

南阳汉代陶狗有着自己独特的艺术风格和浓郁的地方特色，它以其生动活泼的艺术风格、夸张变形的手法、形神兼备的效果，形成了其独特的艺术魅力。就陶狗造型来看，它们有的状若雄狮、有的形如猛虎、有的类同狐狸、有的貌似人面，形象无不生动逼真，栩栩如生，充分显示了汉代劳动人民高超的艺术创作才能。

南阳新野建有汉画像砖博物馆，共收藏有汉画像砖400多块，其藏品之多、之精为全国独有。汉画像砖的艺术风格更为简、拙、朴、大，表现力极强，其构图的简朴独到、线条的开张顿阔，意味无穷，令人叹为观止。

（四）三门峡的国际黄河旅游节

三门峡位于豫、晋、陕三省交界处，是黄河流入大平原前的一座峡谷，这里石壁陡峭，黄河浩浩荡荡地从中流过，迎面被河心石岛劈成三股，故称这段峡谷为"三门峡"。

黄河从源头至内蒙古的托克托县河口镇为上游，流经高原山峡，水流较清；自河口镇至河南孟津为中游，流经黄土高原，因水土流失严重，水色浑黄，是世界上含沙量最大的河流，黄河也因此而得名；自孟津以下至入海口为下游，流经一望无际的华北大平原，河面宽阔，河道趋于平缓，河水流速渐慢，大量的泥沙沉淀于河道之中，形成了虎视中原的"悬河"。

为了治理黄河水害，在三门峡修建了大型水利工程——三门峡大坝，以控制流量，保证下游的安全，并开始进行黄河的综合治理。如今，黄河已改变了过去三年两决口的局面，人民再也不会遭受黄河泛滥之灾了，这条举世闻名的害河变成了一条利河。

三门峡市是1957年伴随着万里黄河第一坝的建设而崛起的新兴旅游城市。因此说，三门峡因黄河而得名，也因黄河才有三门峡市，三门峡市与黄河紧紧地交织在一起，沉淀着厚重的黄河文化。

沿着黄河旅游，不但可以观赏黄河的磅礴气势、峡谷平湖等胜景和两岸的独特风光，更能饱览沿途众多的名胜古迹，体察独异的乡风民情，深究中华民族之源，可谓"黄河之水天上来，古今文明一路歌"。

乘船观赏黄河雄伟磅礴的气势和两岸独特的风光后，上岸可以参观游览三门峡大坝、宝轮寺塔、春秋战国时期的车马坑、函谷关、仰韶文化遗址、关帝庙、永乐宫等名胜古迹，还可以观赏具有浓郁民族风情的农家窑洞、品尝农家风味，了解豫西奇特的风土民情、感受两岸人民的现实生活。

三门峡市会在每年 4 月 20 ~ 26 日，举办三门峡国际黄河旅游节，届时，海内外游客可尽情饱览黄河古老灿烂文化和豫西奇特风土人情。三门峡国际黄河旅游节为河南省四大旅游节庆活动之一。涉及的场所与活动内容包括：

1. 三门峡大坝

三门峡大坝始建于 1957 年 4 月，1961 年建成，是当年苏联援建的 156 个重点项目中唯一的一个水利工程，被誉为"万里黄河第一坝""新中国大坝建设的摇篮"。大坝的建成结束了黄河三年两决口的局面，使两岸人民得以安居乐业。

三门峡工程实现了防洪、防凌、灌溉、发电、供水等综合效益，是黄河除害兴利的重要里程碑。周恩来总理对工程的兴建和改建倾注了无数心血。如今重温董必武同志"功过大禹"的题词和郭沫若"鬼斧神工天作险，人工民斧险为夷。三门峡上英雄汉，动地惊天大史诗"的诗句，一种强烈的民族自豪感和爱国主义的思想感情油然而生。

2. 三门峡湖

三门峡湖是三门峡大坝上游的三门峡水库，每年 10 月至翌年 6 月，库区蓄水，泥沙沉淀，出现了长达百余公里、面积达 200 平方公里的高峡碧湖。这里碧水粼粼，烟波浩渺。由于黄河流经黄土高原时携带大量泥沙，变成滔滔黄水向中下游奔来，到三门峡段水中泥沙含量很大，当地有"一桶水半桶沙"之说，故有"跳进黄河洗不清"之谚。

如今三门峡湖水会清胜似漓江，看不到一点黄的影子，两岸青山绿树，延绵不断，水光山色，相映如画，犹如"北国西湖"。到夏秋季节，三门峡大坝开闸泄洪，黄河又恢复了昔日黄沙滚滚、浊浪排空的真面目，这时仅主河道有水，大部分滩地裸露，使库区形成了沼泽湿地，为候鸟的栖息、越冬及其他湿地生物的生存繁衍提供了良好的生存环境。据调查，这里共有鸟类 68 种，其中属国家重点保护的如白天鹅、仙鹤等 9 种。1995 年，这里建立了以保护白天鹅等珍稀水禽为主的省级湿地自然保护区。进入冬季，成群结队的白天鹅飞经此处，并有野鸭、仙鹤、大雁等飞临河上，三门峡黄河四季游，别具特色，"黄河水清""船行柳梢""天鹅寻踪"这黄河三大奇观，更使人富有新奇之感。

3. 中流砥柱

中流砥柱位于三门峡大坝下方的激流之中，为坚硬的闪长斑岩残存于河床之中、突出于河面之上而成的一个小岛，相传为大禹治水时留下的镇河石柱，又传说是一位黄河老艄公的化身，从而被人们视为峡谷中的航标。它露出水面六七米，千百年来，无论是狂风暴雨的侵袭，还是惊涛骇浪的冲刷，它一直力挽狂澜，巍然屹立于峡谷激流之中，刚强不屈，成为黄河的中流砥柱，被誉为中华民族不屈不挠英雄精神的象征。登临砥柱已成为中外游客畅游黄河的最大愿望。公元638年，唐太宗李世民查探水路到三门峡，写下了"仰临砥柱，北望龙门，茫茫禹迹，浩浩长存"的诗句，并命魏征勒于砥柱之阴。

4. 张公岛

张公岛位于中流砥柱之北，传说古代有个姓张的艄公，目睹这里水道险恶，经常发生船翻人溺惨祸，就在岛上结庐为庵，义务导航，人们为纪念这位老人，将该岛称为张公岛。岛上有一块形状像香炉的岩石，岩石上有一个凹下去的圆坑，像是盛放铁锅的灶台，传说这是老子的炼丹炉，人称"仙人炼丹炉"。老子骑着青牛、踏着云水来到这里，看到百姓被大水淹没后的苦难，决定在此炼丹行法，用仙法造桥，让百姓过河逃生，由此引出了"老子炼丹""老子造桥""老君削石""神火炼丹"等神话传说，至今这里还流传着"正月十三，老君炼仙丹，家家贴金牛，四季保平安"的民谣。

5. 黄河古栈道

黄河古栈道位于黄河大坝下游百米处的北岸，紧靠黄河的陡壁悬崖上，南端起自梳妆台，北经人门岛，现存全长625米，是我国仅存的汉唐漕运遗迹。在我国历史上，唐以前各代多建都长安，为满足京都及西北戍军的粮饷供应，每年均需大量的粮食由洛阳经三门峡漕运至长安。为此，从汉代起至唐代，历代都曾对三门峡进行疏凿，修筑栈道，以便漕运。栈道又名"复道""阁道"，即在峭岩陡壁上凿孔架桥连阁而成的一种道路。三门峡古栈道，共有两条，一条离河面较高，一条离河面较低，都是紧挨着石壁的冲击处开凿的。现栈道保存完好，登上栈道，可见开凿在栈道壁上的稠密的四方洞和牛鼻形穿孔，大约有八九百个。现栈道的侧壁上还留有40余处摩崖题记。这些题记分别凿于东汉、三国、西晋、北魏、隋、唐等各个朝代，其内容记述栈道的开凿时间和漕运的有关情况。这些题记不仅是我国漕运历史的见证，还是研究我国东西交通史和黄河漕运史的珍贵实物资料。

6. 大黄河漂流

大黄河漂流是近年开辟的大黄河漂流，是黄河流域第一处黄河漂流项目，被誉为"有惊无险，具有浓郁地方特色的浪漫之旅和神奇之游"，因而在1996年被国家旅游局命名为三大江河专线漂流之一。大黄河漂流已开辟两处：一处是三门峡大坝以上库区的漂流，具有原始、旷野、豪放、壮阔的特点，可亲身体验"黄河之水天上来，奔流到海不复回"的磅礴之势；另一处是三门峡大坝以下峡谷区的漂流，具有狭窄、险峻、曲折、幽深等特点，在此漂流，可领略黄河峡谷风光之奇险、中流砥柱之精神、黄河漕运之艰辛。大黄河漂流原始、刺激、惊险、安全、紧张、愉快而极富情趣，深受海内外游客的青睐。

7. 虢国墓地

虢国墓地位于三门峡市湖滨区北部上村岭，北临黄河，南距虢国都城上阳（李家窑村）1.5公里，地势高而广阔，面积约29万平方米。1956年国家黄河水库考古工作队为配合三门峡水利枢纽工程，曾进行大规模的考古调查与发掘，先后共探明各类遗址800处，发掘墓葬260多座，出土文物3万余件，其中一部分属国家一级文物。特别是300多件青铜礼器（大部分铸有铭文）、3套青铜编钟和虢季氏玉茎铜柄铁剑、铁刃铜戈、缀玉面罩、玉组串饰、黄金带饰等都是稀世珍宝。

玉茎铜柄铁剑经专家鉴定是我国最早的人工冶铁实物，堪称"中华第一铁剑"，从而将我国的冶铁史提前了近两个世纪。车马坑为我国迄今发现的数量最多、规模最大、年代最早的车马坑群，堪称世界一绝。虢国墓地是目前我国已清理发掘的规模宏大、等级齐全、保存完好、独具特色的贵族公墓，是我国唯一的保存完整的西周晚期的墓葬群，是一处高品位的历史文化旅游资源，1990年和1991年两次被评为当年中国十大考古新发现之一，2000年12月被评为"20世纪河南十项重大考古发现"之一，2001年4月又被评为"20世纪中国一百项考古大发现"之一，已被国务院列为全国重点文物保护单位，并被国家旅游局列为中国第一批国线景点之一和中国首批14条专项旅游线之一的中华民族之魂——黄河之旅的主要旅游景点之一。

8. 虢国博物馆

虢国博物馆是依托虢国墓地遗址而建立的一座大型专题博物馆，它北临黄河，占地 150 亩，是一处融文物陈列、遗址展示、园林景观为一体的现代化、多功能的博物馆。独具特色的建筑，精美绝伦的国宝重器，威武的地下军阵，梦幻般的艺术殿堂，是河南乃至全国一个独具特色的文物旅游景点，是人们访古探幽的胜地。2002 年被评定为国家 4A 级旅游景区（点）。

9. 虢国文化城

虢国文化城是以黄河文化及虢国历史文化为依托正在建设中的融旅游观光、历史文化和大众现代娱乐为一体的多功能大型旅游景点。虢国文化城分虢国苑、黄河苑两大景区。虢国苑内主要有虢国春秋、战争大观和社会风情诸景点，全面地反映虢国的历史、军事、文化、科学技术状况；黄河苑主要有黄河风光、历史名胜和民俗古风，用微缩的手法，把黄河两岸秀丽的山川风光和名胜古迹绘织成一幅多彩的田园风光。虢国文化城是河南省十大文物旅游景点之一，也是构成河南省"华夏文明六千年"规划的重要工程。

10. 宝轮寺塔

宝轮寺塔位于三门峡市西三公里处的陕州风景区内，原为陕州城内宝轮寺的寺塔，始建于唐代，为僧人道秀所建，金大定十七年（1177 年）僧人智秀重建，距今已有 800 多年的历史，现寺已毁，唯塔独存。

宝轮寺塔又叫蛤蟆塔，游人立于塔之四周数丈远处击掌或叩石，会听到似蛤蟆的"咯、咯、咯"声，而且击掌、叩石的速度越快、越响，这种声音也越大、越逼真，故被当地群众称为蛤蟆塔。传说，塔附近原有一对蛤蟆精，经过苦心修炼，变成了一对金蛤蟆，藏在塔顶，常为民降福消灾。天旱了，只要金蛤蟆叫一阵，天上就会飘下雨丝；谁头疼脑热，只要听到金蛤蟆的叫声，顿时会病除灾消。金蛤蟆的叫声还能镇住河妖，使黄河水不致泛滥，保护乡民平安。有一年，忽然来了一群黄发妖怪，抢走了金蛤蟆，但金蛤蟆不忘宝轮寺塔，在千里之外，只要听到人们击掌，它那"咯、咯、咯"的叫声，穿过千山万水，仍能飞回宝轮寺塔，只是人们听到的声音没有从前那样洪亮了。

蛙鸣之声属回音，宝轮寺塔是我国古代劳动人民巧妙地运用回音原理建造的回音建筑，它与北京天坛回音壁、山西普救寺莺莺塔、四川潼南石琴统称为中国四大回音建筑，已被国务院列为全国重点文物保护单位，1991 年被国家旅游局列为第一批国线景点和首批中国专项旅游线——中华民族魂"黄河之旅"的主要景点之一。

11. 天井窑院

天井窑院是豫西地区特有的一种民居形式。它是先在平地上向下开挖一个大方坑，然后再向四周凿挖窑洞，一侧筑有斜坡甬道，供人们上下出人。这种民居的窑洞房舍全在地下，进村四下望去，只见道路和树木翠冠团团，却看不见树干和房屋村舍，座座"四合院"全部藏在地平面之下。当地人形象地说这叫"进村不见人，见树不见村"。据说，美国卫星拍下这些独特民居的照片，误以为是导弹发射井，直到联合国官员实地参观后，这个谜才被解开。

三门峡市郊分布着许多由天井窑院组成的"地下村庄"。整个村子天井连着天井，大院套着小院，随着山形地势的起伏转折，高低错落，相宜部署。平面布局分散而又相对集中，天井窑院规整紧凑，整齐对称，主次分明，不仅在巧妙精致中表现了独特的建筑艺术美，而且在与自然环境的融合中映射出形象美，在全国实属罕见。这里还具有极其浓厚的黄土地民俗民风，尤其是妇女们自古有剪纸、做绣件的习惯。进了窑内，门上粘的、窗上贴的、墙上布置的、顶棚上点缀的，剪纸作品无处不在、无处不有，宛如走进一个民间艺术的世界。

三门峡市旅游部门已开辟了"豫西地下村庄民俗线"，这里不仅是农村游览的一大景观，而且是考察研究黄土高原民俗和窑洞建筑发展演变的实物见证。三门峡市陕县地坑院民俗，已被河南省人民政府公示为首批河南省省级非物质文化遗产。

二、河南历史文化的有效传播对策

（一）政府主导与政策保障

河南历史文化的传播是一项集政策性和实用性为一体的工作，具有很强的政策主导性。

（1）坚持发挥现代传播媒介。在舆论引导中的主导作用，牢牢把握正确的舆论导向。利用政府的权威性对海量信息进行过滤和甄别，传递正确的人生观和价值观，在精神文化层面起到指导性的作用，进一步加大正面宣传河南力度。

（2）坚持"三贴近"原则，加大舆论引导力度、改革发展力度和宣传创新力度，增强宣传报道的针对性和实效性、影响力和感染力。历史文化的现代传播中既注意把握正确导向，体现社会正价值和正能量，也研究文化消费心理，结合并适应消费市场，具有感染力和可接受性。

（3）政策保障。

1）传播总体规划需要政策依据。河南历史文化的现代传播应该成为中原经济区建设总体规划的一部分，需要政府依据科学发展观进行宏观规划与布局，既要充分体现建立和谐社会的总体要求，又要结合河南历史文化传播的现状，要统筹兼顾文化传播事业与文化传播产业、城乡不同地区文化传播、物质文化遗产与非物质文化遗产的现代传播等等方面，没有全面系统的政策依据是不可能进行的。

2）传播主体的体制改革需要政策依据。河南的文化传播无论是事业还是产业，目前都面临体制改革的问题。认真贯彻执行中央关于深化文化体制改革的有关政策，出台地方文化传播事业单位和文化传播企业改革相关政策，深化国有文化传播单位改革，对于河南历史文化的现代传播至关重要。

3）传播所需财政资金需要政策保障。在文化传播事业的建设中需要政府发挥财政资金的引导作用。给予一定的资金支持。对于河南历史文化的传播企业，政府应该发挥税收政策的调节作用。税务部门要切实落实国家和我省支持文化产业发展的各项税收优惠政策。加强对试点单位、新办的文化传播企业、新兴文化传播产业等文化传播企事业单位的税收支持，落实文化传播企业应享受的国家税收优惠政策。

（二）积极推进文化教育与引导

文化传播是需要受众的，政府和媒体都有责任探寻多种途径和方式，通过宣传教育，倡导现代传播和文化消费理念，进行媒介素养教育，培养良好的文化消费习惯，在全社会形成文化是发展的核心，文化繁荣和居民文化精神生活水平的提高是发展的最高目标这一共识。目前，社会上存在着借弘扬历史文化之名而行政绩之实的现象。

河南的历史文化既有其积极先进的一面，也有其消极落后的沉渣。在表达和传播历史文化的过程中，我们应该本着取其精华、弃其糟粕的原则。尤其是现代大众传媒，因为具有舆论导向的作用，就不能一味地受经济利益的驱使而媚俗地迎合大众，应该本着建立社会主义核心价值体系的原则，始终为大众提供积极、健康、向上的内容。

　　总之，在新经济时代，现代传播媒体在历史文化的传播中扮演了至关重要的角色。传播媒体的发展是河南历史文化发扬光大的一种重要动力源。同时，作为一种传播手段，现代传播媒体也不是被动地承担传播任务。我们相信，只要我们现代传播媒体齐心协力，坚定自己的信念，扛起自己的责任，就一定能将我们的历史文化代代传承，发扬光大。

第二章 文化遗产的保护与发展策略

第一节 文化遗产的重要价值

一、证实历史

文化遗产通过被考古发掘和研究，让人们确信历史、证实历史。如荷马史诗中描述特洛伊王子帕里斯拐走斯巴达王麦尼劳斯之妻海伦，迈锡尼王阿伽门农率领希腊联军远征，围攻特洛伊城长达 10 年，最终采用木马计攻陷。不过，人们长期认为特洛伊战争是虚构的，特洛伊城并不存在。直到 1870 年德国考古学家在今土耳其西北的希沙立克开始发掘出特洛伊古城遗址后，特洛伊城的真实性才逐步得到确认。经过多年的考古发掘和研究，人们多已确信荷马史诗描述的特洛伊战争并非全为神话传说和文学虚构。再如湖北、湖南两省流传有丰富的炎帝神农传说，湖北随州市、神农架林区的炎帝神农传说已于 2008 年入选第二批《国家非遗名录》，炎陵县的炎帝传说也于 2009 年入选第二批湖南省《省级非物质文化遗产名录》。与之相应，两湖还有许多历代祭祀或纪念炎帝的遗迹。两湖的炎帝神农传说，虽然不能作为证明古史传说中的炎帝神农氏"生于今湖北，死于今湖南"的可信史料，却可以印证在远古的炎黄时代，或有炎帝部落的一支曾活动在今两湖部分地区。

二、补正历史

文化遗产在证实历史后，会对现有的历史认知进行纠正与补全。因为现存史籍或文献对历史的记述既难以全面和详尽，又多有缺失和错误。文化遗产则能以其真实、具体的存在和客观、形象的记录，补全历史记述的缺失，纠正历史认识的错误。如位于意大利南部那不勒斯的庞培城，因火山大爆发而被火山灰埋没，导致缺乏史料记载，鲜为人知。到 1748 年，此城才被发现。又经 200 多年的考古发掘，此城得现真容，并由所得铭文而知其为庞培古城。由于火山灰的整体掩埋，揭露出来的古城遗存相当完整。它不仅弥补了后人对庞培古城的历史认识，而且因较完整地反映了当时罗马城镇各方面的情况，故也极大地补充了人们对古罗马历史发展和社会生活的认识。

再如柬埔寨高棉帝国是位于东南亚中南半岛柬埔寨的一个古国。高棉（Khmer）于中国古籍亦称为吉蔑、阁蔑。世纪至 15 世纪的高棉王国（今柬埔寨，中国史书称为真腊）相当繁盛，中国元代的周达观造访其国后著有《真腊风土记》一书，着力描绘了其都城吴哥的壮丽繁华。但从 1431 年暹罗人入侵后，高棉都城竟因废弃而湮没于热带丛林之中，数百年里无人知晓。由于吴哥王朝不多见于文献记载，数百年里人们也似乎忘却了吴哥王朝的历史存在。直到 16 世纪，吴哥城才被人发现。19 世纪，它才引起世人的注意。正是吴哥都城遗址得以发现又引起了注意，人们才由这处遗址而在相当程度上弥补了对吴哥王朝历史文化的认识。1992 年，吴哥窟被列入《世界遗产名录》。

三、传承历史

文化遗产是人类历史的产物，是人类历史的体现。物质形态的文化遗产，可谓人类历史无言的记录、凝固的承载，以其实体的展现向人们传述历史的本相和变迁。文化遗产传承历史的作用，或许更胜于历史教科书。

中国国家博物馆及地方博物馆，陈列着中国境内从旧石器时代到现代各个历史时期出土或传世的文物精华。观赏那一件件精美的文物，似乎可以倾听到它们在静静地诉说自己的身世和当时的社会。人们在流连之中、观赏过后，犹如亲身经历了中国历史数百万年的发展过程，对中国历史有了直观的、具体的和较全面系统的了解。

第二节　文化遗产的保护与指导思想

一、物质文化遗产的保护

物质文化遗产与非物质文化遗产的基本特征有所不同，两者的管理机构和保护措施也有所不同，故有必要对两者分别阐述。

（一）物质文化遗产的调查

物质文化遗产的调查，即国人通常所说的文物调查。保护物质文化遗产，不仅需要进行经常性的文物调查，而且需要根据保护形势的变化进行大规模的文物普查。

1. 物质文化遗产的调查意义

文物调查及普查的重要意义，具体说来有如下：

（1）摸清文物家底，全面掌握物质文化遗产资源。通过文物的调查和普查，全面掌握文物的存在数量、分布情况、本体特征、基本数据等，从而对物质文化遗产资源有清楚的了解。文物尤其是不可移动文物会因各种原因而损坏甚至损毁，保存相当困难，故文物的调查和普查是根据文化遗产保护形势的需要而多次进行的。

全面掌握了物质文化遗产资源，也就为物质文化遗产的保护与利用奠定了良好的基础。

世界各国的文化遗产保护，都是从文物调查和普查开始的。文化遗产事业走在世界前列的国家，也尤为重视全面、细致的文物普查。法国曾经几次进行大规模的文物普查，20世纪60年代又进行了一次前所未有的文物大普查。这次普查，新发现了一大批文化遗产，建立了每处文化遗产详细、明确、系统化和标准化的档案资料和说明，进一步摸清了法国文化遗产资源的基本情况，许多具有重要价值的文化遗产因在普查中被及时发现而免遭损坏，也为法国政府进一步开展有效的文化遗产保护与利用工作奠定了良好的基础。中国自2007年开展的第三次全国文物普查，被称为"新中国规模最大的一次摸清文物家底大行动"。

（2）细致了解文物保存的现状、文物周边的自然与人文的环境状况等基

本情况，为准确判断文物保护形势、科学制定文物保护政策和规划提供依据
文物的调查和普查，不仅仅是文物存无、种类、数量的查找、统计等方面的
技术性工作，而且是文物的分布情况、生存环境、保护现状、存在问题的考
察和评估。

文物保护处于动态的变化过程中，尤其是不可移动文物的保护与其周边
的自然与人文环境的变化关系很大。2005 年出台的《西安宣言》强调："承
认周边环境对古迹遗址重要性和独特性的贡献。"因此，我们不仅需要经常
性地考察文物本身的保护状况，还必须同时考察文物生存的相关环境。只有
在全面细致的调查和考察的基础上，才能根据实际状况制定科学的保护规划，
采取有效的保护措施。

（3）有利于合理、准确划定文物保护范围，完善文物档案管理，促进文
物保护机构建设，提高文物保护管理的整体水平。文物的调查和普查过程，
也是文物的认定过程，可以根据文物实际存在的状况和文物保护的形势，合理、
准确地划定文物保护范围。以往的文物保护，只重视保护陆地上且距今有相
当年限的标本性文物本体。当今随着文化遗产保护认识的深化，已经将工业
遗产、乡土建筑、文化景观、文化线路、水下文化遗产、20 世纪文化遗产等
新的文化遗产类型纳入文物保护范围。

调查所获得的资料，都要建立文物档案。新旧文物资料的汇集和整理，
将使文物档案得以完善。同时，文物档案的建立需要随时代的发展而采用先
进手段。当今不仅需要用文字、照片等传统方式建档，而且需要采用录像、
数字化多媒体等各种方式建档。

划定文物保护范围、完善文物档案管理，需要提高文物保护人员的素质，
改善文物管理机构的硬件和软件设施，从而促进文物保护机构的建设，提高
文物保护管理的整体水平。

（4）有利于培养锻炼文物保护队伍，增强全民文化遗产的保护意识。文
物的调查和普查，往往需要动员和组织许多文物保护工作者参与，而且需要
参与的文物保护工作者学习和掌握先进的文化遗产保护理论、方法和科技手
段，为此也需要在普查前对参与者进行业务培训，调查和普查过程中也需要
参与者不断学习和研讨。可以说，文物的调查和普查过程，实际上也就是文
物保护队伍的培养锻炼过程。

大规模的文物普查，涉及中央到地方各级相关部门，涉及城市到农村的各方面人士，需要中央政府领导和组织、地方政府配合、全国各相关部门参与、社会各方面支持和协作才能圆满完成。因此，文物普查工作也是文化遗产保护的宣传活动，可使涉及者参与到文化遗产保护中，可使知悉者了解文化遗产保护的重要性，自然就会增强全民文化遗产的保护意识。

我国第三次全国文物普查中，参与的文物系统工作人员有近5万名之多。国家文物局及地方文物主管部门通过召开专家座谈会、举办培训班、实地检查指导等形式，既提高了文物普查队员的业务水平，又保证了普查质量。同时，各级普查机构联合新闻媒体，通过举办展览、开通热线、散发宣传品等方式，大力宣传文物普查知识，得到了社会各界的广泛支持和积极参与。

（5）有利于发掘、整合文物资源，充分发挥物质文化遗产在社会经济文化建设和促进社会全面、协调、可持续发展中的重要作用。文物既是文化资源，又是经济资源。当今社会经济和文化发展的新兴产业——旅游业和文化产业，都必须充分利用文化遗产资源。一个国家的旅游业和文化产业发展的状况，在相当程度上反映了这个国家的经济文化发展水平。

通过文物的调查和普查，可以清楚地掌握物质文化遗产的存在数量和保存状况，发现可以利用的新资源，而且可以根据社会经济文化发展的需要合理配置和利用文化遗产资源。政府应将依据调查和普查数据科学制定的文化遗产保护规划纳入国家发展的总体规划之中，从而充分发挥物质文化遗产在社会经济文化建设和促进社会全面、协调、可持续发展中的重要作用。

2. 文物调查的对象和方式

文物调查一般为文物行政部门和文物管理机构的一项经常性的工作。全国性的文物普查则是国家文物行政部门组织的全国范围内的文物调查活动。在调查实践中，一般将调查对象归纳为古代文物和近代文物，也重视其中的民族文物和民俗文物。

开展文物调查，需要做好前期准备，主要是根据调查的目的和要求制订计划、准备资料、组织队伍、配齐用具。

（1）根据不同调查目的和要求，目前采用的文物调查形式主要包括：

1）全面普查。全面普查，即对某一区域或国域内的不同时代、种类的文物进行的全面调查，是文物调查内容最广、规模最大的一种形式，主要目的在于发现未知文物、复查登记文物、为科学保护与合理利用文物提供系统、翔实的资料。

2）日常调查。日常调查，即对本行政区域内文物的经常性调查，以随时了解、跟踪监测本行政区域内文物的分布和保护状况，逐步积累系统的资料。

3）专题调查。专题调查，即为解决某一具体问题或围绕学术研究课题而对特定的文物对象进行的调查，一般不受行政区域的限制。

4）重点调查。重点调查，一般是对文物调查中新发现的或需要进一步了解的或将要进行考古发掘的遗址、城址所做的详细勘察或前期准备。这种调查往往采用多种调查方法，以求准确、全面、详细地调查文物的各种情况，为科学地保护或发掘提供依据。

5）配合工程调查。配合工程调查是文物行政部门和文物考古研究机构会同建设部门对拟建工程范围内的文物进行勘察。

6）区域系统调查。区域系统调查，是对某一行政区域或自然区域进行的系统文物调查，多为一种以遗址或聚落考古为目的的深入勘察，采用区域覆盖或拉网式方法。自然区域，如江河流域的文物调查，往往跨越多个行政区域而需要相关地区的文物行政部门和管理机构共同参与。

（2）文物调查的主要方法包括：

1）地面踏勘。地面踏勘，即徒步查寻，是行之有效的基本调查方式。

2）传统式钻探。传统式钻探，即用一种俗称"洛阳铲"的考古钻探工具探寻文物，是一种低成本、高效率的调查方法。

3）物探与化探。物探与化探，就是运用物理学和化学的原理与方法勘探文物。物探常见的有电阻率探查法、电磁探查法和磁力探查法。化探则是通过检测土壤中与人类活动有关的化学成分含量来勘探地下文化遗存。

4）航空勘察。航空勘探，即通过航拍的照片辨析文物，可以克服地面踏勘视野狭小的局限性。

5）卫星定位与遥感。卫星定位与遥感是借助卫星定位系统和利用卫星遥感技术调查和监测文物的新方法，近年逐渐被广泛应用。

3. 中国文物普查

中华人民共和国成立之前，中国从未有过文物普查，只是在民国时期有一些热衷于保护文化遗产的知识分子做过小范围的调查。中华人民共和国成立后，先后进行了三次全国文物普查。

（1）第一次全国文物普查。1955年，随着全国农业合作化高潮的兴起，出现了大规模农田基本建设对遍布全国的革命遗迹、古代文化遗址、古墓葬、古建筑、碑碣等文物造成破坏的现象，政务院因而于1956年颁布了《关于在农业生产建设中保护文物的通知》，要求"采取紧急措施，大力宣传，在农业生产建设中开展群众性的文物保护工作"，并且决定"必须在全国范围内对历史和革命文物遗迹进行普查调查工作建立文物保护单位制度。根据这一通知，中国开展了第一次全国文物普查。

第一次全国文物普查认定不可移动文物7000多处，据此编印出各省、自治区、直辖市文物保护单位名录。后经评估申报，各级政府相继公布了一批全国重点文物保护单位及省、市（县）各级文物保护单位。不过，限于当时的人力物力条件，第一次文物普查实际上只能说是一次全国范围内初步的文物调查，规模小、程度低、不规范，甚至没有详细的统计数据。

（2）第二次全国文物普查。鉴于文物破坏严重，文物保护问题突出的情况，1981年，国务院批转了文化部文物局《关于开展文物普查工作的通知》。1982年，《文物法》正式颁布实施。在此基础上，全国展开了文物普查工作。大规模的普查至1985年基本完成，但复查又持续数年，参加普查人员达9.4万多人，普查的规模和成果都远远超过第一次普查，实现了对文物资源的抢救性发现和超常规积聚。

第二次文物普查共调查登记不可移动文物近40万处，据此先后公布了4295处全国重点文物保护单位、8000多处省级文物保护单位、6万多处市县级文物保护单位，还编制出版了《中国文物地图集》。

（3）第三次全国文物普查。20世纪80年代的全国文物普查虽然规模很大且成果巨大，但受观念、资金、技术等制约，仍然有漏查和偏废情况。登记的近40万处不可移动文物的数据也只是个约数，每一处文物的状况到底如何并无准确记载。在过去的近30年里，其中不少文物已经由于各种原因不复存在。与此同时，文化遗产保护形势发生了很大的变化，文化遗产保护观念和方法也与世界接轨，一些过去不被认为是文物的东西成了备受瞩目的文化遗产而需要纳入文物保护范围。

基于对文化遗产保护重要性的深刻认识和面临文化遗产保护的新形势，

国务院于 2007 年 4 月下发《关于开展第三次全国文物普查的通知》，决定从 2007 年 4 月开始，到 2011 年 12 月结束，分三个阶段进行全国文物大普查。普查的范围是中国境内（不包括港澳台地区）地上、地下、水下的不可移动文物。这次普查以调查、登录新发现的不可移动文物为重点，同时对已登记的近 40 万处不可移动文物进行复查。为搞好这次普查，国家成立了专业部门与相关负责人，负责普查工作的组织和领导，协调解决重大问题。

第三次全国文物普查，是中国历史上领导规格最高、普查范围最广、至 2011 年 12 月，历时五年的第三次全国文物普查圆满完成。一大批具有重要历史、艺术、科学价值的工业遗产、乡土建筑、20 世纪遗产、文化线路、文化景观等新型文化遗产在普查中得到充分重视。水下文化遗产第一次被列入普查范围，遥感技术第一次被应用于普查中。

第一次全国可移动文物普查，健全文物普查、登记、建档、认定制度，开展可移动文物普查，编制国家珍贵文物名录，分三个阶段进行，全面普查各类国有单位所收藏保管的国有可移动文物，统计其数量、类型、分布和收藏保管等基本信息。

（二）物质文化遗产的认定

物质文化遗产的认定是指对文物真伪、年代、类型、名称和价值等的认定，可以说包括了确认和鉴定文物的全过程。世界各国对物质文化遗产的认定，大都在其物质文化遗产保护的法律及相关法规性文件中有明确规定。但物质文化遗产的确切认定，是十分复杂而困难的，难以用文字清楚说明。

随着世界遗产事业的发展，国际社会所认定的文化遗产的类型不断增多，文化遗产保护的范围也不断扩大。因此，根据世界遗产保护的实践需要而不断修订的《操作指南》，就有着对不断丰富着的世界遗产的含义所作的补充说明，而且具体解释了国际社会认定的文化遗产新类型。

相对而言，可移动文物认定较简单、保护较容易，不可移动文物认定较复杂、保护较困难。因此，我国的第三次文物普查，就只普查全国的不可移动文物。

第三次全国文物普查进而将国际社会认定以及认定之中的文化遗产类型也纳入普查内容之中，体现出中国文化遗产保护的先进性。新的物质文化遗产类型如下：

1. 历史文化名城名镇名村和历史街区

保存文化遗产特别丰富并且具有重大历史文化价值或者历史纪念意义的城市、城镇、村庄或街道，即历史文化名城、名镇、名村或历史街区。

随着这一系列关于历史街区、历史城镇的国际文件的出台，国际社会尤其是欧美各国不断加大对历史城镇和历史街区的保护，申报为世界遗产的历史城镇和历史街区也逐渐增加。中国对历史文化城镇及街区的保护，始于20世纪80年代。

2. 乡土建筑

乡土建筑指乡间村里朴素自然而具有历史文化价值的传统建筑。据其特征，或被称为"本土建筑""自发建筑""民间建筑""传统建筑"等。第三次全国文物普查的实施方案，就将乡土建筑列入了重要的普查内容。乡土建筑调查保护的范围，也扩大到与生活生产相关的一切具有历史文化价值的民间建筑，如民居、寺庙、祠堂、书院、戏台、酒楼、商铺、作坊、牌坊、小桥等。

3. 工业遗产

工业遗产是指人类在社会历史实践中从事工业活动遗留的具有文化价值的存在物。广义的工业遗产，包括人类历史上所有工业活动及工程建设中反映人类科技创造的遗存。目前，国际社会实施工业遗产保护的对象，大都是狭义的工业遗产。

4. 文化景观

文化景观指人类在社会历史实践中于特定环境里进行文化创造活动所形成的文化景象，是人类创造性活动与自然环境变化相互作用的结果，故称为"人类与自然的共同作品"。

"文化景观"本是地理学的概念，是欧美学者在20世纪20年代就已使用的语词。文化景观也就成为世界遗产一个类别的概念。文化景观遗产类型的提出与确定，是世界遗产认定实践的结果。1990年，世界遗产委员会将本为新西兰的毛利人世代生活地区——汤加里罗国家公园作为体现毛利人文化的文化遗产而入选《世界遗产名录》。可是，有着15个火山口，尤其是包括了被毛利人视为神山的汤加里罗火山等3个著名活火山的国家公园，不仅火山活动景象姿态横生，而且火山自然风光绮丽缤纷，完全符合世界自然遗产的标准而不可忽略。进而，人们又认识到汤加里罗国家公园的自然环境与毛利人文化的对应关系。有识如此，世界遗产委员会决定增加"文化景观"这一新的遗产类型。1993年，汤加里罗国家公园又被认定为文化景观遗产和双重遗产。

2013年10月，来自中国、韩国、德国、英国等8个国家和地区的代表参加在江西庐山举行的"东亚世界遗产文化景观——庐山论坛"。论坛讨论通过了目前世界遗产领域唯一针对世界文化景观所提出的专项性保护宣言——《世界遗产文化景观——庐山宣言》，由论坛主办方联合国教科文组织驻华代表处于同年12月在北京发布。

5. 文化线路（遗产线路）

文化线路指主要因服务一个特定目的而形成具有明晰界限并且长期存在的水、陆或混合型通道，呈现出相关反映了人类交往和文化交流状况的文化遗产线性分布，是国际社会近年新认定的文化遗产类型。与之相近的概念，有遗产廊道、文化廊道、历史路径、线状遗迹等。

在2003年第27届世遗大会上，拉美国家报告了其合作进行的文化遗产保护项目——印加文化线路。这个项目涉及的印加文化遗存分布于南美六国，是以印加文明为主线而串联相关的历史文物、遗址、建筑、文化景观等多种文化遗产及自然遗产的大型项目，其内容远超以往认定的任何单一类型的文化遗产类型。由于这类文化线路项目有助于大范围文化遗产与自然遗产的整体保护，有助于多国家和地区协作进行遗产保护事业，有助于多国联合申报而取得世界遗产分布相对平衡，故得到了会议的支持。随后，申报为世界遗产的文化线路就越来越多。

2004年，日本纪伊山地的圣地与参拜道入选《世界遗产名录》。这条文化线路，时间跨越了1200年，内容包括山野森林、三处重要圣迹、朝圣路线及数量可观的其他相关的历史建筑、纪念物等，涉及日本传统的神道教和从中国、朝鲜半岛传入的佛教，还涉及许多非物质文化遗产。

2005年，斯特鲁维地理探测弧线和熏香之路-内盖夫的沙漠城镇入选《世界遗产名录》。前条文化线路，始于挪威，止于黑海，跨越欧洲10个国家，包括34个大地子午线测量站点，长达2800多千米，反映了人类认识自然的科学成就。后条文化线路，是一条从公元前3世纪开始的香料和草药的贸易通道，起于以色列西北部城市哈路扎，止于靠近约旦边界的毛阿，长约 2000 千米，涉及的内盖夫沙漠占到以色列国土面积的三分之二，涉及的遗产包括 4 座城市及大量的要塞、驿站、道路等古迹古物，反映了公元前 3 世纪以色列及周边地区的经济生活与文化交流状况，见证了其历史文化的发展历程。

文化线路，既可以在国家地域里构建出包含多个多种在空间、时间的维度上相互关联的文化遗产保护网络，也可以在世界范围内构建出包含多个多种在空间、时间的维度上相互关联的文化遗产保护系统，故近年深得国际社会重视，被认为是极富创新性的文化遗产保护理念和方法。2005 年 10 月，在西安召开的国际古迹遗址理事会第 15 届大会，即将文化线路作为四个核心议题之一进行了专题讨论，并且形成了《文化线路宪章》草案。2008 年 10 月，在加拿大召开的国际古迹遗址理事会第 16 届大会上，通过了成为国际文化线路保护的基础性文件的《文化线路宪章》(全称《关于文化线路的国际古迹遗址理事会宪章》)。

中国是文化遗产大国，在悠久的历史上形成的文化线路尤多。政府近年来高度重视文化线路的遗产保护，不仅认真调查国内的文化线路并与他国联合保护共有的文化线路，而且有计划地将认定的文化遗产扩展为文化线路予以整体保护。国务院 2006 年 10 月颁布的《长城保护条例》第四条明确规定："国家对长城实行整体保护、分段管理。"2005 年 10 月，中国与哈萨克斯坦、吉尔吉斯斯坦、塔吉克斯坦、乌兹别克斯坦、土库曼斯坦协商确定，将"丝绸之路"作为今后优先开展的保护项目。2006 年 8 月，六国决定将"丝绸之路 – 沙漠之路"作为文化线路联合申报世界遗产。2013 年 1 月，中国与哈萨克斯坦、吉尔吉斯斯坦三国联合申报的"丝绸之路：起始段和天山廊道的路网"申遗文本正式提交世界遗产中心，申请于 2014 年列入《世界遗产名录》。《第三次全国文物普查实施方案》明确要求，应重视"跨省区的线形遗址和遗迹的调查登录"。学术界和文物界目前热烈探讨的文化线路，有蜀道、茶马古道、佛教之路、明清海防、长征之路等。

6. 传统运河

传统运河指历史上人类开凿的水运河道及其两岸相关的文化遗存，体现着传统文化遗产的线性分布、静态遗存与活态传承。

2007 年，加拿大丽都运河入选《世界遗产名录》。运河全长 202 千米，由渥太华延伸至金斯顿，竣工于 1832 年，包括 47 个石建水闸和 53 个水坝，被认为是 19 世纪工程技术的奇迹之一。运河的绝大部分设施都还保持着 170 多年前的风貌，至今从未停止使用。

世界上著名的传统运河中，唯有中国的京杭大运河开凿的历史最早，河流的里程最长，流域的范围最广，遗存的文物和传承的文化最丰富，其历史文化意义堪与长城媲美。2005 年以来，郑孝燮、罗哲文（1924—2012）等著名文化遗产保护专家大力呼吁运河沿线省市联合申报世界遗产。经过社会各界的努力，2007 年 9 月，中国扬州世界运河名城博览会暨运河名城市长论坛在扬州开幕，开幕式上举行了大运河联合申遗办公室揭牌仪式。目前，申遗工作正在紧张有序地进行，国务院已确定了京杭大运河 2014 年成功申遗的工作目标。京杭大运河全长 1747 千米，将海河、黄河、淮河、长江和钱塘江五大水系连成了统一的水运网，是中国历史上用于南粮北运、商旅交通、军资调配、水利灌溉等的生命线，也是贯穿南北流动的血脉，沿岸兴建的城镇及其各类建筑（码头、仓库、船闸，桥梁、堤坝等）组成了一条中国古代文化长廊。

显然，京杭大运河的文化遗产远比米迪运河、丽都运河丰厚，非《操作指南》关于"传统运河"的定义所能涵盖，故学者多认定它为线性文化遗产，还有学者认为应称其为"系列遗产"。2013 年 1 月，大运河联合申遗文本正式提交世界遗产中心。

2011 年举行的第六届中国文化遗产保护无锡论坛，即以"运河遗产保护"为主题，通过了《关于大运河遗产保护的无锡建议》。

7.20 世纪遗产

20 世纪遗产，指人类在 20 世纪的社会历史实践中创造的具有文化价值的物质财富遗存，是现当代的文化遗产。

国际社会关注 20 世纪文化遗产并且将之纳入文化遗产保护范围，始于 20 世纪 80 年代。1981 年，第五届世遗大会审议了澳大利亚提交的悉尼歌剧院、悉尼港大桥及周边的悉尼港航道整体申报世界文化遗产的材料。大会认为悉尼歌剧院的竣工时间不足 10 年，建筑设计者也还健在，尚难证明其突出的普遍价值，没有予以通过。但是，其申报则引发了人们对当代文化创造成果予以重视的思考。

1984 年，西班牙巴塞罗那建于 20 世纪初的地标性奇异建筑——米拉之家，以"安东尼高迪的建筑作品"的名称入选《世界遗产名录》,实际上是国际社会保护20世纪文化遗产的开端。1986年,国际古迹遗址理事会正式向世界遗产委员会提交了"当代建筑申报世界遗产"的文件。1995年,世界遗产中心和国际文物保护与修复研究中心、国际古迹遗址理事会合作举行了20世纪遗产会议,讨论了国际环境下的20世纪遗产前沿状态、各种评估方式和纳入《世界遗产名录》的方法。欧美一些国家也先后召开了以20世纪遗产保护为主题的学术会议,从战略角度强调20世纪遗产的保护问题。"20世纪遗产"的概念,也从建筑类拓展到文化遗产的其他类型。进入21世纪,国际古迹遗址理事会更是将20世纪遗产保护作为一项全球战略加以推动,各国对20世纪文化遗产的保护也越发重视。

近10年来,《世界遗产名录》中列入的各种类型20世纪遗产已有30多处。悉尼歌剧院也于2007年入选《世界遗产名录》。

中国保护20世纪遗产始于20世纪50年代。当时,政府已经重视保护革命文物,革命文物中就有20世纪遗产　1961年,国务院公布的第一批全国重点文物保护单位,有"革命遗址及革命纪念建筑物"类共33处,其中绝大部分为20世纪遗产。1996年,国务院在公布第四批全国重点文物保护单位时,采用了"近现代重要史迹及代表性建筑"的类别名称,即是实施对20世纪遗产的保护。由于20世纪遗产数量巨大、种类繁多且历史短暂,人们也往往忽略了其价值而导致其损毁迅速。这种情况在中国又因20世纪国力弱而建筑杰作少、近年城市化和现代化建设加速而尤为突出。因此,政府在新世纪高度重视对20世纪遗产的全面保护。国务院在2001年、2006年、2013年先后公布的第五批、第六批、第七批全国重点文物保护单位中,近现代重要史迹及代表性建筑分别为40处、206处、329处。第三次全国文物普查的重要内容,也有近现代史上的重要遗址、代表性建筑和工业遗产等项目。

8. 大遗址

大遗址指规模宏大、价值重大、影响深远的大型聚落、城址、宫室、陵寝、墓葬等遗址或遗址群,反映了古代历史各个发展阶段涉及政治、宗教、军事、科技、工业、农业、建筑、交通、水利等方面的历史文化信息。

大遗址的概念是在中国文化遗产保护实践中形成和完善的。20世纪80年代,著名考古学家苏秉琦就提出了这一概念。国家文物局与地方政府密切合作，努力构建大遗址保护带动区域经济社会发展的新模式，积极推进国家考古遗址公园的建设，初步建成了以"三线（长城、丝绸之路、大运河）两片（西安、洛阳）"为核心、100处大遗址为重要节点的中国大遗址保护格局。

（三）文化遗产保护的特点

1. 文化遗产保护的必要性

文化遗产保护的必要性，也就是文化遗产保护的重大意义。文化遗产保护的紧迫性，也就是文化遗产保护的现实危机。文化遗产保护的必要性主要在于：

（1）全面、准确和深刻地认识民族、国家和人类的历史，鉴古知今，放眼未来。文化遗产的首要价值，就是历史价值。人们若要全面、准确和深刻地认识民族乃至人类的历史，就必须借助和利用文化遗产。信史时代之前的人类历史，只能通过原始社会的人类遗存得以了解。历史时期的人类历史，因文献记载的缺失或错误，也需要通过文化遗产来印证或补正。

只有通过读书、考古和采风，也即阅读历史文献、考究物质文化遗产和采察非物质文化遗产，人们才能全面、准确和深刻地认识民族、国家乃至人类的历史，从而清楚地了解其历史发展的完整面貌和盛衰变迁，知悉其历史发展的因果关系，揭示其历史发展的演进规律，总结其历史发展的经验教训，科学地预测其历史发展的前景。人们尊重历史传统，遵循历史规律，树立科学发展观并选择正确的发展路线，方可使社会得以持久地、健康地向前发展。

（2）提高民众文化素质，满足民众文化生活的需要。文化遗产是人类知识的凝聚和智慧的结晶。利用文化遗产，人们可以开阔眼界，增长见识，从而提高文化素质。

人们对文化遗产的了解，多是在参观、游览、休闲时对文化遗产的观赏、体验过程中获得的。人们的观赏、体验文化遗产的活动，就是文化生活。充分展示和表现文化遗产，也就能够丰富人们的文化生活。

当今社会，人们的文化生活方式，主要是旅游产品和文化产品的消费。文化遗产，则是旅游业和文化产业的重要资源。

只有大力发展旅游业和文化产业，才能满足民众文化生活的需要。大力发展旅游业和文化产业，也就必须文化遗产保护。

（3）巩固资源基础，发展国民经济。文化遗产是十分珍贵的资源，具有不可限量的经济价值。中国现阶段即使是对文化遗产经济功能的有限发挥，文化遗产的保护与利用已是经济效益巨大的社会事业。文化遗产事业是社会、经济效益兼备和"投入小、产出大""利在当代、益及后代"且能带动相关产业发展的社会事业。因此，有效文化遗产保护，就是巩固国民经济健康持续发展的资源基础。

（4）弘扬优秀传统，建设先进文化。文化遗产"是各民族智慧的结晶，也是全人类文明的瑰宝"，只有予以继承和发扬，才能创造民族乃至人类的美好明天。

不过，文化遗产中有精华和糟粕之别。如中国传统的酷刑设施和用具、鼻烟壶和大烟枪、厚葬习俗、缠足习俗、赌博习俗以及文化遗产所反映的颓废意识、低级趣味等，可谓文化遗产中的糟粕。文化遗产中的糟粕，必须予以细致辨析和妥善处理。属于物质文化遗产的，仍可保护展示以反映历史。属于非物质文化遗产的，则可酌情保存以作历史的见证，却不宜传承宣扬。

在中国，爱国主义革命传统是特别突出的优秀文化遗产。中国的许多文化遗产，尤其是近现代的大量物质文化遗产和非物质文化遗产，鲜明突出地体现了爱国主义革命传统。因此，《文物法》列举的第二类文物就是革命文物。已经搜集整理的大量非物质文化遗产作品中，有着大量的革命歌谣、故事和传说等。中华民族因有爱国主义传统而得以生生不息、发展壮大，中华民族的伟大复兴更加需要继承和发扬爱国主义传统。保护与利用文化遗产进行爱国主义革命传统教育，是建设社会主义先进文化的必要条件和手段。

欲使民族乃至人类健康发展，就必须建设合乎民族根本利益和人类本质要求的先进文化，就必须传承优秀的文化遗产。

（5）促进科学研究，利于文明发展。在马克思和恩格斯看来，人文社会科学最重要甚至唯一的就是历史学。文化遗产，可以说全方位地支持和促进着历史学的研究。当今历史学的研究不可不利用文化遗产，也即不可不利用考古所得的出土物质文化遗产资料和采风所得的非物质文化遗产资料，尤其是信史时代之前和文明时代早期的人类历史。

具有多方面价值的文化遗产，作为人类创造性文化成果的遗存而涉及社会科学和自然科学的各个领域，故文化遗产的充分利用可以不同程度地促进各个学科的科学研究。

科学研究的目的是解决人类生存和发展中的问题，建设适于人类生存和发展的物质文明和精神文明。文化遗产既是科学研究不可或缺的资料和条件，也是建设物质文明和精神文明的资源和基础。

（6）联结民族感情，增进民族团结。一个国家的文化遗产，主要是这个国家疆域内生活着的民族的文化遗存，具有持久的民族传统和鲜明的民族特色。即使是多民族国家，由于各民族长期共同生活在同一地域空间而有着长期的民族交往和文化交流，其文化遗产也都具有民族文化交融互补的特征。人们观赏本民族或本国的文化遗产，尤其是欣赏非物质文化遗产或参与非物质文化遗产的传承活动，无疑会激发民族情感。

一般而言，华人在中国的博物馆观看通史陈列时，在观赏历朝历代的文物珍品时，会因其展现的悠久历史和灿烂文化而油然生发民族自豪感，也会不自觉地增强民族认同感；在参加中国各地举行的祭拜先祖，尤其是人文始祖如炎帝和黄帝时，会自然而然地强化认祖归宗的民族感情；在游览近现代重要史迹或参与端午节吃粽子、划龙舟活动时，会在胸中涌起爱民族、爱国家的激情。

文化遗产的展示或传承，诚然是联结民族感情的纽带、促进民族认同的熔炉。人们因文化遗产而认识到民族团结和睦、交流互动的历史发展和文化创造时，也就会有更强烈的民族团结的意识和追求。

（7）维护国家主权，保障社会稳定。一个国家及其民族的文化遗产，是其历史发展的见证、文明成就的反映、文化主权的体现和自我形象的展示。文化遗产保护，也就是保卫国家的统一和民族的安全。

一个国家实现了民族大团结，一个国家的人民众志成城，其国家也就有了安全的保证，社会也就有了稳定的基础。一个国家的文化主权得以维护，一个民族的自我形象得以彰显，其国家也就有了安全的条件，社会也就有了稳定的保障。

（8）维护文化多样性，构建和谐社会，增强人类的生命力和创造力。文化遗产的多样性特色，不仅在物质文化遗产方面有着鲜明的体现，而且在非物质文化遗产方面体现得尤其突出。民族习俗有别，国家风尚相异，一个民族的非物质文化遗产，也就是其身份的标志、个性的展现。

历史证明，人类文明的多彩面貌、勃勃生机和辉煌成就，正在于有着多样性的民族、地域文化的争奇斗艳、交流互补和融汇出新。

文化遗产保护，也就是维护既有的世界文化多样性。维护世界文化的多样性，即意味着尊重人权、尊重世界各民族的生存权和发展权。有了这种世界意识的相互尊重，有了世界各民族及其文化的相互尊重，即意味着民族的平等相待、和睦相处、共同发展。实现了民族的文化尊重与和平发展，世界也就构建出和谐社会。

不言而喻，文化遗产保护以维护世界文化的多样性，就是维护人类的生命力和创造力，也就是为构建和谐世界、促进人类共同发展作贡献。

2. 文化遗产保护的紧迫性

文化遗产保护的紧迫性，当今已为国际社会所深刻认识。各国政府正是基于这种共识，积极参与联合国教科文组织主导的世界遗产保护活动，同时大力加强本国的文化遗产保护工作。尤其像中国这样处于经济快速发展的发展中国家，文化遗产保护的紧迫性更为突出，近年来对文化遗产保护的力度也不断加大。文化遗产保护的紧迫性，主要表现在：

（1）经济发展的工业化、全球化趋势导致的文化遗产保护危机。20世纪中叶以来，世界经济发展的工业化、全球化，导致文化发展出现单一化、趋同化倾向，使得工业化强国的文化强势传播而冲击、覆盖发展中国家的文化。

（2）社会发展现代化、城市化趋势导致的文化遗产保护危机。与世界经济发展的工业化、全球化趋势直接关联，人类社会发展也在西方发达国家主导下出现了现代化、城市化趋向。发展中国家纷纷力求以工业强国富民，适应工业化要求而集中人口和资源，大搞城市改造和建设，大力建设交通、能源等基础设施，从而造成严重的文化遗产建设性破坏，拆毁或损毁大量的古建筑、古遗址和古墓葬等文物以及附着的非物质文化遗产。

中华人民共和国成立之初，为建设现代化、国际化的新首都而拆毁了北京古城，成为中国人民心中永远的遗憾。改革开放以来，中国经济快速发展，中国大地到处是火热的建设工地。然而，城市建设中拆毁古民居、古城墙等建筑类文化遗产，工程建设中损毁古墓葬、古遗址等文化遗产，时常见于媒体报道。具有典型日耳曼风格，可与近代欧洲火车站媲美的济南老火车站，是一座矗立了80多年的济南标志性建筑，却被拆除；贵州遵义会议会址周围的历史建筑，全部被拆；安阳穿城修路，严重破坏了历史街区；被视为北京民居灵魂的四合院，几乎被拆毁殆尽；被视为福州市名片的明清民居建筑群"三坊七巷"，在旧城改造中被大量拆毁。

（3）经济利益驱动导致的文化遗产保护危机。文化遗产有着巨大的经济价值，是当今社会经济发展的重要资源和发财致富的特殊商品。因此，一些社会相关机构甚至地方政府为发展经济而过度开发文化遗产，少数社会不法之徒为谋取私利而盗卖文物。

中国的世界遗产地和风景名胜区普遍开发过度，旅馆、酒店、商场、游乐设施甚至人造景观满目皆是，利用节假日去旅游的游客摩肩接踵、人满为患。武当山有着600年历史的遇真宫主殿，因租给私人开办武术学校而在一场大火中化为灰烬；丽江古城，因民居大量改造或租用为旅馆、商店而导致居民大量流失，被世界遗产专家批评为过度商业化；一些地方大力开发民俗文化资源，不惜借继承创新的名义，胡编乱造或随意篡改民俗文化，使得非物质文化遗产失去原生性而自行毁灭。

由于文物的经济价值越来越为人们所认识，并且随着经济快速发展而越来越高，社会上一些唯利是图的不法分子不惜铤而走险，大肆盗掘、盗窃和盗卖、走私文物，导致大量珍贵文物遭受破坏和流失境外。尽管世界各国都不断加大对此的打击力度并加强予以遏制的国际合作，联合国教科文组织也在促进国际合作以打击文化遗产犯罪活动方面做了大量工作，但仍然难以遏制严重的文化遗产犯罪行为。

（4）自然灾害、战争破坏导致的文化遗产保护危机。全球的自然灾害年年都有，而且防不胜防。加之工业化浪潮带来对自然生态的破坏，自然灾害尤为频发和加剧。中国地域辽阔，地形复杂，气候带多，又处于亚欧大陆板块与太平洋板块的交界处，是世界上自然灾害最为严重的国家之一。

（5）生态环境、生活方式改变导致的文化遗产保护危机。文化遗产尤其是非物质文化遗产，大都是农业社会的产物，而且是在农业社会的生态环境中长期得以保留和传承。如今，在全球工业化浪潮的冲击下，在城市化、现代化生活的普及中，产生并流行于农业社会的文化遗产失去了其自然存在和传承的生态环境，现代生活方式使得许多文化遗产减弱或失去了其实用功能，乃至于许多文化遗产难以保留甚至消亡。

大规模的城市建设，即使有针对性地保护城中具有高度文化价值的民居、楼台、寺院等古建筑，但人们往往是以经济利益为重而仅仅保护其建筑本体，毫不顾及其周边环境和生态氛围，致使古建筑成为林立的高楼大厦中点缀的古迹标本，损失了其原有的文化价值。

大规模的工程建设，需要大量移民，甚至整体搬迁古老的城镇和村庄。这些古老的城镇和村庄里的物质文化遗产虽然可以异地存放或复建，但不仅可以迁建和复建的物质文化遗产有限，就是保护下来的遗产的文化价值也大受损失；其地的非物质文化遗产，却因人去地失，没有了传承的生态环境而岌岌可危。现代化的生活方式，致使许多民族、民间传统文艺失去了观众，许多民族、民间传统手工艺产品失去了销路，赖此为生的艺人和匠人锐减或终绝，相关的非物质文化遗产也就难以甚至无法传承了。

二、物质文化遗产的指导思想

世界各国的文化遗产保护，大都有其根据国情确立的指导思想、基本方针和总体目标。这些都反映在其文化遗产保护的法规性文件中，体现在其文化遗产保护的具体实践中。

主导世界遗产保护工作的联合国教科文组织，虽然未对世界文化遗产保护的指导思想、基本方针和总体目标作有概括性的说明，但在其通过的相关公约和颁布的相关文件中有所反映。

当今，中国是世界上尤其重视文化遗产保护的国家之一，中国政府也对现阶段文化遗产保护的指导思想、基本方针和总体目标作了精要而明晰的阐发。加大文化遗产保护力度，构建科学有效的文化遗产保护体系，提高全社会文化遗产保护意识，充分发挥文化遗产在传承中华文化，提高人民群众思想道德素质和科学文化素质，增强民族凝聚力，促进社会主义先进文化建设和构建社会主义和谐社会中的重要作用。

物质文化遗产保护要贯彻"保护为主、抢救第一、合理利用、加强管理"的方针。非物质文化遗产保护要贯彻"保护为主、抢救第一、合理利用、传承发展"的方针。坚持文化遗产保护的真实性和完整性，坚持依法和科学保护，正确处理经济社会发展与文化遗产保护的关系，统筹规划、分类指导、突出重点、分步实施。

文化遗产保护的主导者是政府，但非物质文化遗产是以活态形式广泛地存在于民间，故其保护更需要各阶层人士、各相关机构参与，并且明确划分各级各类保护主体，即负有保护职责且从事保护工作的政府机构及社会单位和个人的职责，形成全方位协作的合力，从而实现对其有效保护；非物质文化遗产保护的难度，决定了其保护不可一蹴而就，必须制定科学的长远规划，依据规划分步骤实施，采取点面结合的方法，力求取得实效。

加强文化遗产保护，建设优秀传统文化传承体系的目标。实现这一目标，需要转变文化遗产保护的观念和方式，即从过去倾向于以物体和形式为本转向以人为本，将文化遗产保护与改善民生，发展社会经济文化很好地结合起来。近年来，中国领导人还提出了全面推进文化遗产的保护与传承，建设文化遗产强国的战略目标。

第三节 河南文化遗产的保护与发展策略

文化遗产是文化基因的重要载体。随着城市化进程的加快，体现了城市文明传承精华的文化遗产是调节城市文化生态的关键，也是现代城市物质文明和精神文明建设的有机组成部分。文化遗产的保护与利用是一项系统工程，不仅需要技术手段的保护和支撑，还需要各级政府的高度重视、综合协调和有效措施。

一、转变文化遗产保护理念

文化遗产的最基础最首要的问题是"保护先行"，所有的开发利用都要在保护好的前提下进行利用。文化遗址的不可移动性、无法替代性和不可再生性，要求在保护与开发过程中必须树立"保护先行、保护为重"的理念，把"保护"置于"开发、利用"之前、之上，在无法实现对文化遗产的有效保护，或者当经济发展和城市建设与文化遗产保护发生冲突、不能协调一致时，应坚持文化遗产"保护先行、保护为重"的原则。我国一些地区和城市文化遗产的保护、开发、利用之所以取得了较好效果，正是坚持了上述理念和原则。

如历史文化名街的有效保护、开发和利用，不仅使古老的文化遗产和文化价值得到了较好保护，使之成为人们寻旧访古、发现心灵归宿的好去处，而且也取得了良好的经济效益和社会效益，成为成都和福州一张文化厚重、独具魅力的城市名片。

合理开发、科学利用是文化遗产开发、利用应遵循的原则。在这一方面，河南省也有做得比较好的范例。例如，"十三朝古都"洛阳市对文化遗产的保护、开发、利用就具有一定的示范作用。早在20世纪50年代，洛阳市就探索出了"避开旧城建新城"的城市发展"洛阳模式"；20世纪80年代，洛阳市政府确定了"凡进行基本建设，没有文物部门的审批程序，土地规划部门不予办理相关的规划许可证，计划部门不予立项，城建部门不颁发施工许可证"的"洛阳方式"；2009年洛阳举行的"大遗址保护高峰论坛"，通过的《大遗址保护洛阳宣言》承诺："从遗址保护和城市发展的实际出发，科学规划，有序推进，努力实现大遗址保护和利用的和谐共赢。"

从20世纪50年代的"洛阳模式"到20世纪80年代的"洛阳方式"再到《大遗址保护洛阳宣言》，洛阳市走出了一条比较成功的文化遗产保护、开发、利用的发展模式，为河南省文化遗产的保护开发利用提供了有益借鉴。相反，一些地方不重视"保护先行"的理念，没有理顺保护和开发的辩证关系，重开发、轻保护，重利用、轻管理，结果不仅没有换来经济的持久发展和城市知名度的提升，反而由于保护不力，导致文化遗产的永久性破坏，造成了难以挽回的损失。

二、制定设计文化遗产开发战略

（一）尊重历史，突出特色

除了制定全省文化遗产开发战略之外，还需要对一些重点城市、重点区域、重点乡镇的文化遗产保护开发战略进行规划和设计。对此，应坚持尊重历史、突出特色的原则，从各个地方的历史和现实情况出发，制定符合当地文化遗产保护开发利用的规划和设计方案。以巩义市为例，该市拥有北宋皇陵、杜甫故里、康百万庄园等众多文化遗产，这些文化遗产价值巨大，但知名度不高、影响力不大。如何根据巩义市自身的历史、文化、地理、环境等特点，对巩义市的文化遗产保护、开发、利用、宣传、提升等进行统筹规划设计，需要深入研究。

对河南其他历史名城古城、历史遗迹等文化遗产的保护和开发利用，也应根据文化内涵和发展特色，采取不同的措施，制定不同的保护规划和开发方案。比如，是文物保护单位的文化遗产，要按照不改变历史原状的原则，力求维持历史原貌和保护历史真迹；对于代表城市传统文化特色的典型地段或建筑集群，要坚持真实性和完整性的保持原则；对于历史文化名城，要维护好城内的文物古迹和历史街区，传承延续古城的历史格局和文化风貌，真实再现其古典特色，同时还应注意周边建筑与历史名城的融合协调。

（二）统筹规划，顶层设计

文化遗产的开发利用需要统筹规划，进行顶层设计。一个省、市或一个地区，对文化遗产的保护开发利用，必须站位全局、立足长远、统筹谋划，从整体上进行统筹规划、顶层设计，才能避免短期行为、重复建设、资源浪费。

将大遗址抢救保护与展示宣传予以整体考虑，并建议国家制定具有长期指导作用的大遗址保护展示体系和重点园区的建设规划，纳入国民经济和社会发展计划。河南省的文化遗产开发利用，应将东西、南北、纵横、线片进行整体规划设计，逐步形成河南段丝绸之路、大运河、古长城三条文化线路与郑州片区、洛阳片区、安阳片区等大遗址相互联结的"三线三片"文化遗产保护开发格局。同时，应集中力量深入调研、科学论证，探讨如何将"文化线路"与"遗址片区"这一集文化遗产、生态环境、休闲娱乐、游览教育等功能为一体的文化遗产元素联结整合在一起，进行统筹规划，设计出符合河南文化遗产开发利用的整体方案和各个实施细则。

（三）开拓创新，丰富拓展文化体验

1.创新体验形式

文化体验作为一种新型的文化旅游方式，需要在文化遗产开发和文化产品提供上进行深度开拓创新。如何从河南厚重的文化遗产实际出发，进一步开拓创新，增强公众的文化体验，提升其文化遗产资源的知名度和影响力，需要深入思考和研究。对此，一方面，政府可以借助"文化遗产日"等主题活动，采取多种渠道和手段进行广泛宣传；另一方面，文化遗产景区应采取先进技术手段，创新表现形式，增强公众和游客的文化体验，以进一步提高

其知名度和影响力。

2. 借鉴成功经验

在创新文化表现形式，增强公众文化体验方面，一些地方大胆开拓，摸索出了成功的模式，提供了成功经验，值得我们学习和借鉴。例如，西安秦始皇陵景区的景观游览，除了著名的景区游览之外，还开发了大型"秦始皇守陵部队换岗仪式"表演和集"声、光、电"于一体的秦始皇陵陵区、陵园、地宫沙盘模型展示，再现了两千多年前神秘陵园的壮观场景，展示了数十年来的考古成果，生动直观地揭示出秦陵的奥秘，在给人以震撼的视觉效果之外，还使人有一种身临其境的体验。又如，在国内具有重大影响的西安"曲江模式"，坚持"文化立区，文化兴区"战略，注重"文化＋旅游＋城市"的多元发展模式，经过短短几年，曲江新区打造出了大雁塔文化休闲景区、唐大慈恩寺遗址公园、大唐芙蓉园、唐城墙遗址公园等凸显传统历史文化特色的文化旅游示范区。

曲江又开发了大明宫国家遗址公园、秦二世陵遗址公园、寒窑遗址公园、大唐不夜城开元广场等重大文化旅游项目，使得曲江新区的文化旅游内容更加丰富，体验形式也更加多样，创造出了集大唐文化、秦汉文化、宗教文化等文化内容丰富的旅游格局，成为全国历史文化旅游的突出典型。

（四）拓宽文化遗产开发的投融资渠道

1. 加大政府投入

文化遗产的保护开发利用面临的一个重大问题，就是资金不足。保护工作前期需要投入大量的资金进行发掘整理，后期还需要数额巨大的费用进行维护；开发利用的投入更是数额巨大，而且关系到文化遗产能否长久保存、可持续发展。文化遗产是国家和人民的财产，国家有相应的专项资金用于其保护修复。对此，各级政府和管理部门担负着不可推卸的责任。政府要重视对文化遗产的开发利用，加大投入，设立专项资金，对文化遗产重点保护开发项目进行重点支持。

2. 开拓融资渠道

积极探索，大胆尝试，广泛吸纳社会资金，允许和鼓励社会资金进入文化遗产保护和开发领域。例如，大明宫遗址的保护与利用采取了全新的投融资方式，以政府名义建设大明宫国家遗址公园，由曲江新区管委会负责融资，然后通过周边土地增值来补偿，最终有效地解决了大遗址保护项目中拆迁难、资金短缺的瓶颈问题，使大遗址不再成为财政包袱，也使得一切后续规划具备了可操作性。大明宫遗址的保护与利用走出了一条大遗址保护带动城市发展的新路子，被称为"西安经验"。在严格保护的前提下，政府可以制定便于投资的优惠政策，通过合资、合作、委托经营等方式吸引和利用社会资金，用于文化遗产的传承保护和开发。同时，还可以通过产业化的运作模式提高文化遗产的使用，也可以通过税收减免、贴息、返还利润等形式，使文化遗产的保护和开发可持续进行。

3. 健全合作利益的共享机制

在这一方面，故宫博物院的做法可以借鉴。故宫博物院将故宫文化遗产保护与文化创意设计相结合，与相关文化企业联合，开发出了多种文化创意产品，如故宫手机壳、宫廷娃娃、朝珠耳机等产品。同时，故宫博物院将部分文传产品的收益投入对大众免费的"故宫讲坛""故宫知识课堂""互动体验"等公益项目中。故宫博物院的上述做法，不仅创造了良好的经济效益，而且产生了良好的社会效益，更重要的是，在取得良好经济效益、社会效益的基础上，故宫博物院实现了文化遗产保护、开发、利用的良性循环和多赢目的。

（五）健全文化遗产开发管理机制

1. 因地制宜

科学的管理体制机制是文化遗产有效保护利用的前提和保障。现实中一些地方在文化遗产开发管理方面之所以存在诸多问题，其中最为重要的就是管理体制不科学、不健全。因此，要有效推进文化遗产的开发利用，必须理顺管理体制，健全管理机制。由于文化遗产保护开发涉及诸多方面，同时由于各地实际情况不同，因此，文化遗产开发利用和管理体制不可能千篇一律、只有一种模式。应遵循全面深化改革的精神，按照有利于促进文化遗产保护及开发利用这一根本原则，采取公司制、股份制等多种经营管理模式，推动文化旅游企业跨地区、跨行业、跨所有制发展，进一步提高文化企业规模化、集约化、专业化水平。

2. 政府主导

文化遗产的开发利用和管理是一件涉及面广、影响深远的复杂工作，在遵守有关法律政策和市场规律的前提下，应坚持政府在文化遗产开发利用和管理中的主导作用。在文化遗产保护开发规划和设计上，政府要履行职责，切实制定好文化遗产保护和开发、规划蓝图以及发展方案。在文化遗产保护开发管理中，政府要发挥好主导作用和监管作用，对管理体制和管理机制方面存在的问题，要及时发现，深入研究，最后拿出解决问题的方案。

3. 有效协调

在遵守有关法律规范和法律合同的前提下，理顺各方关系，顾及各方利益，调动各方积极性，建立科学高效、协调顺畅、运行有序的管理机制。

（六）营造良好的人才环境

（1）用活现有人才。国以才立，政以才治，业以才兴。文化遗产的保护和开发，需要专业性强、训练有素的工作人员，同时还要有懂文化产业开发、综合管理的经营人才。要结合河南实际，稳定现有文化人才，为本土文化保护开发管理人才提供充分施展才能的平台和空间，用事业留人、感情留人、适当待遇留人，使各类人才脱颖而出。

（2）广泛引进人才。目前从事国内文化遗产保护和规划工作的专业人才不多，队伍建设滞后。在人才引进方面，要更新观念，"不求所有，但求所用"，探索实行"柔性流动""柔性管理"的人才引进、管理模式，实现人才作用发挥最大化、最优化。

（3）注重培养人才。根据河南省文化遗产保护开发利用的实际需要，多种渠道、多种方式培养人才，研究制定切实可行的人才培养政策，把人才引进、人才使用与人才培养有机结合起来。

河南的文化遗产既是精神财富也是物质财富，历史上遗留下来的一城一街、一砖一瓦都具有丰富的历史文化人文内涵，思考如何保护和利用这些文化遗产，既是历史赋予我们的神圣职责，也是现代城市高速发展的迫切需要。

第三章　历史文化街区的现代化转变

第一节　历史文化街区的规划时期与发展

一、历史文化街区保护规划时期

（一）萌芽时期

工业革命的出现加快了城市建设，但同时对一些具有珍贵历史价值的街区和环境造成了严重破坏，在这之后，人们对旧城复兴和住宅生活环境改善的重视程度逐渐提升。我国自古代起便对古董和文物开展了相关保护工作，尤其针对宫殿、寺庙以及衙署等象征权力的建筑定期开展维修工作，从而使其使用寿命得到延长。现代意义的保护工作最初源于对我国古建筑的考古研究，之后进入历史文化街区保护规划的萌芽时期，在该时期内，我国主要对单体建筑、遗迹和构筑物等进行保护，但对周边风貌和文脉则存在一定的忽视，因此所采取的保护策略多从控制性保护层面出发，并从城市保护规划体系中的物质层面进行历史文化街区的景观改造工作。

（二）完善发展时期

第二次世界大战的爆发对历史环境造成了巨大的破坏，而在战后重建中，人们对历史文化街区进行了部分综合性的开发、拆除，并重新规划了相关城市道路。这种现象最终引起了人们的反思，进而引发了历史保护运动，政府层面和公众层面也提供了大力支持，尝试对历史环境实现系统化的保护。在这之后，随着建筑保护体系的日益完善，第二次历史保护的核心逐渐转变为对历史建筑群、建筑环境以及城市景观地域性规划建设，进而实现从保存到保护的过渡，使其能够更好融入城市风貌。我国在此时期人们对历史建筑的价值也未有足够的认识，之后随着经济的快速发展以及人们受文化程度的提高，城市历史底蕴的价值开始被重视，大量文物和古迹得到了有效保护。

1982年，我国24个城市获得了国务院颁发的"历史文化名城"称号，并兴起了历史文化街区的保护更新风潮，相关专家学者开始对历史文化街区的保护概念开展研究工作，但往往多数研究成果局限于保护更新理论、活力复兴以及空间风貌整治等方面。因此，发掘城市历史文化底蕴，对历史遗存进行保护和复建，并将地域性元素融入现代规划理论之中势在必行。

（三）全面深入时期

当代，历史文化街区的保护规划研究成果和角度变得更加多样，更新模式和实践经验也在不断积累，这极大地丰富了相关保护理论体系。21世纪以后，历史文化遗产保护人员对相关历史文化街区的功能复兴和强化也加大了关注度，并形成了一系列更新理论，具有动态化和可持续性的特点。历史文化街区所具有的独特性主要体现在其历史基础和现状信息等方面，因此在全面深化阶段，对历史文化街区进行保护规划不仅要实现物质保护和经济振兴，同时还要恢复文脉和历史风貌。但部分历史文化街区被改造成了商业街区，相关保护措施和模式也存在一定漏洞，对此相关部门需要深入研究如何继承和保护历史文化街区，并有效体现出本土化特征。

在对历史文化街区进行保护规划时，需要有效体现出城市肌理、空间形态、场所感以及认同感，从而有效继承和发展艺术与民俗，凸显城市的文化内涵，打造出良好的城市特色形象。这样可以为城市吸引到更多的投资、就业以及旅游机会，使城市更能体现地方特色。

历史文化街区的形象研究经历了漫长的过程，其形象由片面逐渐到完善，保护对象从个体逐渐到整体，保护程序也在不断发展中，从原本的成立保护机构到逐步完善保护章程。与此同时，相关保护理论从最初的启蒙阶段实现部分保护到现在理性阶段达到整体保护、利用、发展，这些表明历史文化街区的保护研究工作变得更加系统化，有效延续了历史文化街区的文脉。

二、历史文化街区新时代发展措施

（一）调整规划编制时间

在历史文化街区的保护开发过程中，规划编制是后续设计的前期准备工作，对后续相关工作的开展也具有制约作用，如果规划编制不够完善，将会对后续设计产生相应的影响。我国的历史文化街区的申报和规划编制等相关工作通常要在较短时间内完成，这也导致调查研究的时间相对较短，无法充分、全面、系统地进行调查。尤其在历史文化街区的规划编制和后续设计调查方面，工作人员往往对社会经济、土地利用以及人口信息等十分重视，但对人文环境等非物质要素存在一定的忽视，因此在对同一街区开展调查工作时，其结果往往存在重复性。对此，相关部门需要对规划编制的时间进行调整，延长调查研究的时间，确保相关调查工作的充分开展，这样不仅可以提升规划编制质量，还能够提高后续设计水平，使相关调查结果更具有准确性和代表性。

（二）城市、历史文化街区与社区联动保护

现阶段，我国历史名城保护规划体系主要包括历史文化名城、历史文化街区与文物保护单位三个层次，但在实际开展保护工作时，其保护内容之间存在断层。首先，历史文化街区的保护规划应与城市规划相结合，城市建设应该和该城市的历史文化之间具有相同或相似的肌理组成和历史文脉源头，如东关历史文化街区保护规划；其次，目前多数城市建设将城市和历史文化街区割裂，但历史文化街区的保护规划应该和城市环境和空间联系到一起，不能忽略历史文化街区服务大众的功能和用途，应将历史文化街区融入人类城市实践中，避免存在局限性。历史文化街区自身缺乏基础设施，相关功能的运转无法满足现代化的建设需求，因此通过新老街区之间的联动，可以使历史文化街区的复兴压力得到缓解，使历史文化街区的产业、交通以及经济和基础设施方面的压力得到有效缓解，从而促进历史文化街区的健康发展。同时，历史文化街区所具有的社区功能能够充分体现街区的整体性以及有机性，通过保持历史文化街区良好的运行状态，提升整个城市的魅力，带动城市发展。因此历史文化街区的重点保护工作应为功能性保护。

（三）应用信息技术

在信息时代背景下，历史文化街区的保护可借助互联网，通过对互联网平台的有效运用，推动相关行业的发展，促进旅游开发。"互联网＋旅游"并非只是二者的简单相加，而是在信息技术发展的基础上，对其进行有效利用，为相关行业构建良好的信息平台，使二者产生有机联系，构建新型生态环境。除此之外，传统旅游功能目前已经无法满足新时代的发展需求，对此，需要借助互联网平台使传统观光旅游向着精神文化型和创新型转变，实现"互联网＋旅游"的创新融合，提升旅游业的服务水平，实现旅游产品的拓展，从而提升历史文化街区的经济价值。因此，相关部门需要对互联网平台进行有效运用，并将其和历史文化街区旅游进行有效融合，全面提升历史文化街区的商业价值，同时也能使更多人了解到相关历史文化遗址，感受城市深厚的文化底蕴，增强人们对历史文化街区的保护意识，促进相关保护工作的深入开展和全面落实。

第二节　历史文化街区活化与城市形象建构

一、历史文化街区活化对城市形象建构的价值

城市形象建构核心的一部分就是一个城市在历史长河中沉淀下来的城市文化特色，历史文化街区再现历史场景，见证城市的时代变迁，是城市历史文化的缩影，所以历史文化街区在现代城市中的活化，对于城市形象建构方面产生着巨大的价值。

（一）加深公众的城市记忆

历史文化街区中积蓄着过往时代在城市形成的风土人情，深深烙印历史沉积下来的城市记忆，历史文化街区在现代中的活化，能够对个人记忆进行重建，对集体记忆进行唤醒。

历史文化街区所承载的历史文化，是代表着一个时代、一段历史的记忆，

这种记忆带有不能更改性，如现代对其进行复制或改造，都会使记忆感模糊甚至是消逝，也无法引起人们心理上真正的情感共鸣。对于个人记忆而言，分为两类人：一类是出生或主要成长期在历史文化街区区域范围内的人群，称其为当地人。在城市化飞速发展的现代，在基于历史文化街区的原始风貌和历史文化内核的基础上，对其再开发，使历史文化街区焕发新生机，这对于当地人是一种个人记忆的重建，当再次回到历史文化街区的空间内，会唤起个人对于历史文化街区的生活记忆和情感记忆，会唤起对于城市的归属感。成长期内，不同阶段的个人记忆叠加，在个人脑海中建构出立体且深层次的城市形象，这种城市形象的认知便具有不可替代的独特性和长久性。另一类人是短暂光顾历史文化街区的人，一般指观光游客、暂时居住在此区域的人等对历史文化街区有初次意象或短暂记忆的人。历史文化街区的复兴，会给这类人营造城市历史文化上的想象空间，这类人对于历史文化街区的个人记忆少量来源于图片和影像记忆，更多的是依赖于历史文化街区活化后所创造的这种历史空间感，这类人由于没有原始情感的勾连，所以更难找到认知城市的融入点。历史文化街区从建筑风貌等物质层面和人文精神等精神层面，双重维度和多种历史文化符号的集中展现，营造历史文化的代入感，给予独特的记忆点。对于历史文化街区在影像、书籍等方式中的呈现，这种直观的感观经验，对个人记忆更具深层次的建构作用，赋予人们历史文化的想象空间，并能附加到现有的文化记忆中去，萌发探索一个城市历史文化的兴趣，对于城市形象有了全新的认知，一个有深度、有层次的城市形象便得以建构。

"集体记忆"也称之为"记忆的社会框架"，集体记忆在社会中获得，也在回归社会中定位，个人记忆是包括在集体记忆之下的。历史文化街区的在建构个人记忆同时，也能唤醒在历史文化街区这个场域内人们的集体记忆，实现着从个体的个人记忆到集体记忆认同的跨越。历史文化街区历经了漫长的时间变迁，见证每一段真实的历史事实，随着时间的慢慢累积和传承，演变成独特的历史文化符号。

在现代发展的过程中，将每一个历史文化符号进行活化，使之具象化，重新赋予生活化，使沉寂的集体记忆再次被唤醒。随着城市化进程的加快和一代代人的成长，很多人开始搬入高楼住宅区域中，对于在历史文化街区区域内成长起来的人来讲，由于过去的交通条件没有现在的高速和便捷，历史文化街区是他们的主要生活和活动场所，这里承载着他们的情感记忆。虽然每个人的生活条件和状态不尽相同，但是对于历史文化街区，他们拥有着共同的集体记忆。在物质形态上，他们保留着对于历史文化街区建筑外貌、店面形态、街区布局、美食形态等外在形态的记忆，在意识形态上，他们保留着对于历史文化街区当时的生活状态及人文风貌等意识上的记忆。

历史文化街区在活化的过程中，无法做到对其物质形态和意识形态上的完全还原，但要保留历史文化街区本质上的历史文化内涵，注重街区功能的恢复性和历史场域的保护性。这样历史文化街区现代活化后的呈现，才能焕发人们对历史文化街区的集体记忆，若对历史文化街区过度现代化改造或是彻底拆解，是对于集体记忆的彻底掩埋。关于历史文化街区的集体记忆焕发，提升人们对于整个城市特色的认知，并在认知独特性的同时，也能找到中华民族传统文化的共通性，提高群体的身份认同感和文化认同感。

（二）唤起城市文化认同感

"认同"被运用于文化领域，形成了"文化认同"这一概念。文化认同是指人类对于文化的倾向性共识与认可。历史文化街区是城市文化的一种物化载体，历史文化街区在活化过程中，对城市文化进行一种形塑，让人们在历史文化街区这种特定的历史文化空间里，萌发对于城市文化的认同感，历史文化街区的活化形成多次有效的传播，对形成的这种认同感进行长久性的维系，最后上升为对城市形象的认同。

唤起人们对于历史文化街区的文化认同感，是历史文化街区活化进程中基础的一环。历史文化街区在特定的历史文化场域内，重塑一个整体的历史空间形象，突出城市文化特色的主题，集中地向人们展现城市的历史文化特色，对于历史文化街区中的符号赋予符号意义，历史文化街区中物化的存在，都最大程度地发挥它应有的文化内涵。在历史文化街区活化中，营造出真实的历史空间，在物化空间中历史真实感建构的基础上，人们重构对于城市文化情感层面上的认同。通过历史文化街区历史空间再现，让人们对历史文化街区所承载的城市历史脉络和文化有一定的想象空间。历史建筑风貌、传统的饮食样式、时代感的人文气息等等，让人们有了直接感官上的体验，对勾起人们历史场景的想象起到一定的引导作用，跨越时空，来感知城市的历史与文化。这如同讲述一个故事一样，描述故事中的场景、情节、人物的时候，多加以细节的描绘，才能使故事更加丰满，具有可信性，进而引发受众的情感共鸣。历史文化街区在现代活化中，注重细节，多维度地向来到历史文化街区中的人们展现城市文化，才能焕发人们心理上对城市文化的认同，有了对于历史文化传承的认同，便有了对于城市形象的认同。

接触过历史文化街区的人们在意识上唤起对城市文化的认同感，这部分人会成为一种传播的主动力，也就是"意识唤起型"传播。在人群中传播意识所形成的历史文化街区印象和深层次的城市文化传播，形成广泛性的传播。在人群中形成讨论的话题，引发人们对于历史文化街区的兴趣，形成探求历史文化街区背后城市文化内涵的行为，在人际传播间形成一种风潮。例如近些年，随着大家对历史时代感的关注，继而出现"怀旧风潮""复古风潮"等现象。在不断传播下，维系着文化认同感的长久性。各个城市有各个城市的文化特色，但中华民族传统文化同宗同源，对城市文化认知认同，最后会上升为民族文化认同感，民族自豪感也会自然而然地散发出来。如湖南省长沙市的历史文化街区——太平街，是长沙历史上最悠久的一条街区，有承载着最具"老长沙"风味的湖湘文化风貌。在太平街区上保留着西汉大文豪贾谊的故居，通过对故居这样的历史遗迹的保留和修复，可以让游览的人们想象出，在当时历史时期贾谊生活创作的背景，能联动人们的情感，对于"楚辞汉赋"有了更形象的理解，对其代表的"屈贾文化"更有认同感，也对长沙这个城市留下了此城多是文人墨客汇聚的人文形象。太平街区保留着许多历史悠久的"老字号"店铺，诸如老通义油漆号、杨隆泰钉子铺、洞庭春茶馆等等，这些"老字号"的存在，不但是对传统手艺、经典味道的传承，更是传承"诚信""仁义"等商业精神与文化，让人们在产生文化认同感的同时，也在影响个人精神层面上发挥更大作用，树立着商贸繁荣的长沙民俗文化形象。太平街区上还有着革命历史的痕迹，辛亥革命共进会的旧址就坐落在街区内，记录着中国革命史上重要的一笔，作为重要历史的见证，让人们在中华民族的身份认同中找到民族归属感，继而产生强烈的凝聚力，铭记中国革命抗争过程的艰辛，增添爱国主义情怀。

历史文化街区在当代的活化，在人们心中产生出从情感焕发到意识唤起型传播再到维系认同感的意识建构过程。在历史文化街区中重构起人们对于城市文化的认同感，让人们便于找寻城市形象独特记忆点，整个城市形象便也随之在人们心里落地生根。

（三）增添城市形象的辨识度

在社会经济飞速发展，城市化进程日益加快的大环境背景之下，城市形象越来越单一，趋同于现代大都市的城市形象，缺少辨识度。历史文化街区的存在并融合于现代都市中，会使城市形象增加多面性，展现更加丰满的城市形象。城市形象的构成主要分为被人们感知的物质形态元素和内在文化意蕴。历史文化街区在城市形象的物质形态层面，让城市在视觉外观上呈现多样性。历史文化街区所呈现的历史感和城市现代街道所表露的现代感，形成强烈的反差，但在历史文化街区活化的过程中，历史文化街区更融洽地与现代都市相契合，这种反差在视觉上不但不会产生突兀感，而正是因为这种差异性，能让城市在千篇一律的城市化进程中脱颖而出，彰显城市特色，带给人们视觉上足够的新鲜感。对历史文化街区的保护再利用，让其在当代城市发展中发挥作用，是建构城市形象上一个重要的方略。尤其在城市化进程较快的城市，对于历史文化街区的活化，显得更为急迫和重要。现如今我国很多城市，经济发展水平快速前进，高楼大厦建构着繁茂的现代都市景象，各种现代化的交通工具为来来往往的人们生活提速，当人们置身于城市中，也很快会被这种"快生活"的节奏所带动。在这种环境的包裹下，人们渴望着慢下来，当人们走进历史文化街区的场域内，走在历史文化街区的石板路上，触摸带有城市记忆的历史建筑，能感受到属于这个城市的温度。

例如，上海市是我国著名的经贸中心，典型的现代大都市，也有"魔都"之称。其中上海的外滩历史文化街区被列入中国首批历史文化街区的名单中，多年来上海也对历史文化街区多加保护并注重开发新活力。以黄浦江为分界线，一侧是具有历史韵味的历史文化街区，彰显着上海这座城市沉甸甸的历史风情，一侧是以著名现代建筑物东方明珠为标识的现代建筑群，讲述着上海的成长与繁荣。外滩历史文化街区的存在，让上海这座城市在形象展现上有了更多的可能性。历史文化街区在现代的活化，让城市不再只有现代外貌的色彩，也兼具古香古色的历史风貌，让城市形象在表象上有了更多面的展现。

历史文化街区在城市形象的内在形象上也发挥着巨大的价值。城市形象的内在形象的核心是城市文化，历史文化街区是城市文化的一个重要载体，延续一个城市的历史脉络，承载着一个城市的精神文明。在历史文化街区中记录着城市的发展历程，见证城市真实的历史足迹，这是不能在现代城市化进程中被遗忘的。一个城市文脉要保持持续性，固守住城市的灵魂，城市形象的建构像是培育一棵树的生长，有历史文脉作为根基，对其进行精心呵护，才能枝繁叶茂，延伸地更远，打造出城市形象的知名度。

时代不断更迭，在历史文化街区中积淀了很多城市文化的精粹部分，且每个城市的发展历程都不尽相同，现代活化中的历史文化街区应利用历史文化背景找到差异点，取其精华，向受众进行潜移默化地传播，让人们感受到独具魅力的城市文化，也让城市独特的形象得以凸显。南京是一个历史悠久的城市，很多重要的历史节点在这里发生，城市中保留着很多历史遗迹，像是我国近代著名的散文家、诗人朱自清曾在《南京》中描绘南京"像是古董铺子，到处都有些时代侵蚀的遗痕"。

在现代的发展中，要重新建构起南京的历史文化形象，在 2016 年南京市规划局同人大代表一起对南京老城考察时，表示要更新历史文化街区保护和开发的理念，重构"历史感"，在老门东历史文化街区现代活化中，由于与南京夫子庙地理位置较为相近，所开发出的书画馆、美术馆等无不展现着南京这座城市的儒家文化气质。在闲逛于历史文化街区中的老字号商铺，观看"刻经""皮影""布画"等手工艺，也会像朱自清先生一样勾起"金陵怀古"的情思。浏览历史文化街区时，因为带有大量的生活气息和人文文化，使人更能轻松地卸下陌生感，置身之中，城市文化不再是高不可攀而需要去刻意理解，游览于历史文化街区的感觉更像是润物细无声，真切地感知城市的历史，潜移默化地接收着城市的文化，城市形象便自然地根植于人们心中。

（四）活化中焕发城市活力

"活化"一词最早来源于化学领域，主要用于描绘化学反应现象，化学中分子等元素发生有效反应，使整个化学反应能量加强，激发反应的活跃程度。将"活化"一词应用到历史文化街区在现代的发展中，意在表示历史文化街区在现代都市的一种发展方式状态，作为一种历史景象置于城市之中，历史与现代发生有效碰撞，恢复历史文化街区的功能性作用，在现代重新焕发新的活力，激发出对城市形象的建构作用。

对于历史文物、建筑等历史遗产的保护办法都偏于保守保护，历史文物一般被置于博物馆之中，历史建筑一般被保护性围栏所包围起来，让人们对历史上遗留下来的文化资源产生一种距离感，其中所包含的文化元素传播也附有局限性。历史文化街区因为其街区特有的功能属性，其中包含的历史文化资源也是多种类型的，对于历史文化街区这种单纯保守性的保护措施，会使历史文化街区成为一个庞大的文物，既是对城市文化资源的消磨和浪费，也让人们无法去感知历史文化街区曾经人来人往繁荣的景象，只能自身去联想，缺少更直观的感受，这样更加不利于传播城市历史文化特色。活化的目的，不是将历史文化街区束之高阁，只能供人们去仰望，而是让历史文化街区整体的文化资源能够得以利用，让城市的历史文化与现代城市化发展交融在一起。通过活化，让历史文化街区成为现代都市中重要的记忆点，不断在传播中建构城市独特的形象特色。

历史文化街区的活化方式包括如下三个方面：

一是外观形象活化，对历史文化街区直观的街区外观形态进行修复活化。历史文化街区经历了历史时代的变更，存在建筑斑驳、设施老化、街区环境凌乱等等问题，需要经过历史资料的研究和考证，在不破坏真实历史感的基础上，对历史文化街区直观的外观形象进行修补，让其在外观上重新恢复。公共设施与环境修缮，让街区活化状态更加有安全性，活化发展的更加长远。例如，四川成都的宽窄巷子，在 2007 年开始启动活化举措，邀请诸多相关专家，进行多方考证，对历史文化街区的结构、色彩、建筑等进行修缮，最大程度还原宽窄巷子历史真实性，使历史文化街区重新活化为成都市重要的城市标志物。

二是经济形象活化，通过对其中的历史文化资源重新利用，唤醒历史文化符号，让这些文化资源成为城市文化资本。历史文化街区所在的城市区域，普遍属于旧城区，经济发展较为滞后。随着历史文化街区的活化开发，恢复街区原有的功能属性，并能附加旅游、观光、体验等街区的新功能。随着历史文化街区区域的经济形象提升，也能带动城市整体经济形象的上升。厦门市的鼓浪屿是我国首批历史文化街区之一，随着不断的开发活化，鼓浪屿成为人们心之向往的地方，带动了厦门旅游产业的发展和城市经济的增速，并成功塑造观光城市形象。

三是文化形象活化，让历史文化街区内部所包含的城市历史文化价值活化起来。文化是历史文化街区的灵魂所在，让历史文化成功传播，带有活力地融入现代城市。活化历史文化精粹，让城市形象更加有内涵，更添厚重感，能够在众多现代化城市形象中凸显出来。城市的历史文化街区都蕴含着每个城市独具特色的历史与文化，城市形象的突出，才能真正摆脱千城一面的现象。历史场景与历史文化的结合，能够有效建构城市形象。平遥古城中的明清街，也称南大街，街区里将许多老字号商铺，对其进行现代的活化，让历史文化街区重新走回人们的视野，"醋坊""票号""钱庄"等等的呈现，还原着明清时期这里商业贸易繁茂的景象，让人们置身于历史文化街区之中，充分感受到历史中的晋商文化。

活化使历史文化街区开始摆脱固有的"陈旧""落后""阻碍城市现代化发展"的形象，让历史文化街区在现代都市中焕发新的活力，萌生新的生机，发挥出自身的价值。城市中特色的历史文化，以历史文化街区为载体得到再次有效传播，丰富整体的城市形象。

二、城市形象建构中历史文化街区活化策略

认识到历史文化街区对于城市发展和塑造城市形象方面的重要性。通过历史文化街区的发展历程和出现的问题，本章希望对历史文化街区以后发展策略产生一点思考，希望历史文化街区真正焕发新的活力，发挥真正的价值。

（一）保留"形""神"合一性

历史文化街区是经历过时代变迁的产物，拥有着历史上遗留下来的街区建筑风貌，也因为街区的功能属性，历史文化街区充斥着几代人的生活气息，保留着一个城市的传统文化内涵。历史文化街区在现代的开发过程中，要保留历史文化街区的"形""神"的合一性。历史文化街区外观的建筑风貌就是历史文化街区的"形"，历史文化街区中蕴含的城市传统文化内涵，就是历史文化街区的"神"，这两部分缺一不可。让历史文化街区在现代城市中真正地活化起来，散发它独有的魅力，应该对其适度的开发，在保留历史文化街区外观风貌的同时，发掘隐藏在其中的城市传统文化内涵，并努力加以保留和传播。

第一，应严格把控历史文化街区经营的商户，在保证商品的"质"与"量"的同时，最好能够展现历史文化街区所代表的地区特色文化。同类型商家不宜过多，历史文化街区中商业买卖的经营，是人们对历史文化街区和所在城市，留下深刻印象的一个重要环节，所以一定要注意把控和管理。

第二，针对观光旺季应有合理的管理。在旅游观光的旺季，浏览历史文化街区的人数可能会有所上升，街区环境和氛围的营造，也会对形象塑造有很大的影响，所以历史文化街区可以从许多物质文化遗产观光管理办法中学习。如提前通过普遍存在的媒体手段通知人们，每一时段观光人数限值，使观光人数保留在一个合理的数值内。这样既对历史文化街区本身是一种保护，也让来到这里的人们，能够充分体验历史文化街区的特色，留下对所在城市良好的印象。

第三，对历史文化街区中的人文生活状态要有所保留，这样才能展现历史文化街区风貌的完整性，不会让人产生距离感，这样城市中特色的传统文化传播也不会显得较为刻意。随着时代的变迁，历史文化街区中传承最本质的历史文化精粹。这是每个城市文化生命力的源泉，也是区别于其他城市的灵魂所在，让"神"包裹在"形"中，才能还原并呈现一个完整的历史文化街区，成为城市独特的记忆点，从而丰满城市形象。

（二）增加仪式性文化活动

历史文化街区独特的历史文化气质，应与中国传统节气和节日相结合，展现属于当地特色的风俗文化。随着城市的发展，在现代都市中普遍出现没有节日氛围的现象，相应的风俗文化，也渐渐开始被大家淡忘。历史文化街区这个极具传统文化氛围的场景，刚好与中国的传统节日相匹配。在历史文化街区的活化的过程中，增添适当的仪式性文化活动，可以让历史文化街区展现出更多的动态感。这样的历史文化街区让人们更有期待感和互动感，也能促进中国传统节日风俗的传播，促进当地传统节日习俗的保留。

除了配合传统节日推出的一些文化活动，也可以让活动与历史文化街区中典型的历史文化符号相配合，形成历史文化街区中独特的文化活动，并定为有规律的周期性活动。让人们开始产生习惯性的记忆，到了时间点，就会想起这个城市中的特色文化活动，并伴有一种连续性的期待感。例如在云南、贵州等省份，很多城市人口多以少数民族为主，有着独特的少数民族服饰、美食、生活习俗等等，这都可以开发出一系列的文化活动。像是可开发观光体验类活动，向人们展示少数民族佩戴的银饰制作过程的同时，也可以让人们亲自体验制作，增加互动感和游览的时间，加深记忆点，更好地发扬当地的特色文化。

文化活动的设计一定要贴合历史文化街区所在的城市特色文化，要以城市历史文化为背景，发掘能够代表城市特色的活动，才能让文化活动变得更加的原汁原味，加之历史文化街区场景感的融合，让人们有融入感和代入感，对城市的历史文化有更系统化的认知，真正发挥出塑造城市形象的价值。

（三）历史感与现代感相结合

历史文化街区要在现代城市中成功活化起来，不能一味地固守历史性，用生硬的方式传播城市文化，不能适应现代的社会，也不能与之相融合。历史文化街区的活化要利用自身独有的历史感，使其与现代都市中的现代感相融合，这样才不会呈现一种"高处不胜寒"的距离感。

因此，可以利用历史文化街区中的商业属性，在现代消费需求的牵引下，将历史文化符号抽象提取，在现代产品上以物化，让历史文化在现代市场中有效传承。开发出属于历史文化街区的特色，代表城市形象特色的文化创意产品，建立独有的文化创意品牌，以现代的方式，展现历史文化内涵，使得人们更容易接收到这份沉甸甸的历史感。在台北市迪化街历史文化街区，文化创意产业发展的比较成熟，形成了一系列不同类型的文化创意产品，将大稻埕迪化街的经典文化元素进行有效的利用。如在街区中小艺埕的部分有印化乐店，店内展示了不同的布艺文化，创立思剧场展现大稻埕的戏剧剧场文化。因为大稻埕码头的地理位置，迪化街曾经是台北市商业贸易的中心，但是随着城市现代化进程的加快，迪化街这条历史文化街区仿佛被人们所遗忘了。在现代因为文化创意产业的关系，重新吸引到更多的人来这里游览观光，让迪化街重新变得活跃起来，恢复到曾经商贸繁荣的景象。

历史文化街区因为其历史性，所以很多建筑、公共设施是不能与现代同步的，出现老化的状态。在不破坏历史感的同时，可以将街区内的公共设施进行保护型维修，水电管道、消防通道等设施，应加入现代化的管理办法，让历史文化街区在活化的过程里保证安全性。街区环境卫生的管理方面，也可以加入现代化的管理方法，维护整个历史文化街区整洁的环境，塑造整个历史文化街区的形象，促进城市形象的传播。以适度恰当的方式，将历史感与现代感相融合，让历史文化街区的活力度更加持久。

第三节　河南历史文化街区的地方建构与必要性

一、河南历史文化街区地方建构框架

（一）河南历史文化街区地方建构的维度

地方建构的时空维度历史文化街区地方建构基本架构包含时间与空间的两个传统维度。地方性的形成依赖于空间，同时地方的形成也需要一定的时间的累积以产生地方感。在时空维度的基础上，加上政治经济、社会文化因素进行综合分析。突破过去对河南街区历史文化认同的静态视角，将衍变的融合或冲突作为地方性形成的过程，以未来的街区的保护与利用动态化视角进行研究建构。地方建构的系统，从具体到抽象、从微观到宏观。既包含具体建筑肌理、街巷格局、居民内部与他们的社区互动交流以及以此所形成的"乡愁感"，到以此形成的景观文化、物质环境的地方性考量、地方演替中外部对此地的认知、在全球社会网络中所处维持、人地关系的建构过程、外部入侵衍生的次生文化、加强的地域文化塑造以及文脉的传承的地方精神等。

（二）河南历史文化街区地方建构的主体

地方建构的内部与外部河南历史文化街区地方建构的主体是人，地方性建构是人对人、人对物的关系的建立，存在"圈内"性质与"圈外"性质之分，分别对应历史文化街区地方性形成的内在部分与外在部分。人对地方的感知程度，从外部到内部分为以下七个层次：

第一，存在的外在性，是指人将地方作为异化于人性之外的客观事物来感受。

　　第二，客观的外在性，是指人将地方视作一个与其他地方没有任何意义差别的空间。

　　第三，偶然的外在性，是指人将地方仅仅作为其社会活动的一个背景。

　　第四，代理的内在性，是指人通过诗画、影视、文学作品等间接的途径对地方有一定程度的感知。

　　第五，行为的内在性，是指人们通过审慎从事文化表征行为来感受地方。

　　第六，移情的内在性，是指人作为主体即使没在某个地方生活和工作，也与该地方有情感的牵连。

　　第七，存在的内在性，是指人在一个地方经过长期的生活和工作以后，会主动与该地方建立深厚的情感并以此为豪。

　　居民是河南历史文化街区里面存在的内在性主体，而圈外存在的外部性影响也会形成全球社会对地方性认知。在地理学的众多分支中对地方性的理解主要分为两个方面："人本主义的地方性"及"结构主义的地方性"。地方性的"圈内"性质与"圈外"性质分别对应以上两种主义。无论是哪种理解，都强调地方性的意义在于与他地不同的"差别性"。

　　"人本主义的地方性"强调主体性，认为地方性不仅是地理现象，而且具有丰富的人类经验；没有人类经验，地方不能被构成。"结构主义的地方性"强调在整个区域系统中的位置，与子系统中人群对地方的主体意识和认同无关，是区域、自然条件的差别，是全球政治经济的整体格局造就的。各方研究都承认地方的"特殊性"特征，基本包含由内部而生的"圈内"以及外部而来的"圈外"两层含义：①"圈内"性质的地方性建构：指某地方社会为构建本地独特的"地方感"而运用的种种策略、逻辑和知识，同时外乡人也能够识别出这种"地方感"；②"圈外"性质的地方性建构：指某地在与他地长期持续互动的过程中形成该地区别于他地的深层文化传统，并且当该地人们认同这些长期积累的文化时，可以认为这构成该地的地方性。

　　综上，河南地方性建构主体存在"圈内"与"圈外"两种状态。这两种状态分别对应分为"内源"的"人文主义"以及"外源"的"结构主义"两种形式建构。地方性的判别标准也是基于人的认同感，"内源"对应生活在历史文化街区的权利主体——居民产生对该地的地方依恋即产生人文主义的地方性；"外源"形成的地方性指与外部社会系统的，这些外部力量包括资本、权力、外部社会力量等。

（三）河南历史文化街区地方建构的客体

河南地方建构三个维度历史文化街区地方建构的客体则是指历史文化街区本身，承受建构动作的客体。其中，物质空间、社会空间与精神空间三个维度分别上文提到地方性的三个属性。地方建构的物质空间指实体物质环境，下至诸如建筑、古树名木、街巷肌理、空间格局等要素，上到宏观区域地理学的区位概念、文化地理学的文化景观等。历史文化街区的物质空间是地方性的承载基础，也是河南历史文化街区保护的"底线"。人们所认知的历史文化街区地方性也是基于历史文化景观的，是可视性下的物质形态。地方建构的社会空间指社会关系。地方在形成过程中，被赋予了社会化的含义，由社会系统的构成。

在河南街区内指生活在这里人们的生活体验形成的社区关系。在圈外指全球化中所处的社会网络，是广义上的人地关系的形成。差异性、地方之间的联系，是由外部认知建构全球资本化的结构定位。精神空间的地方性指生活在这里人们认同的长期积累的文化，是历史长期积累形成的传统文化，外部人能识别出该地的独特性，因此也就形成更大层面的地域文化。例如岭南文化在中国乃至世界形成的地方观，从内部的原生文化上加上外部认知的次生文化强化地方性，有文化传承在其中。

二、河南历史文化街区地方建构的必要性

地方性是河南历史文化街区的基本特征。河南历史文化街区的建构需要捍卫其地方性。河南历史文化街区的异质独特,也就是区别于其他城市的"地方性"。河南历史文化街区的改造必然会抓住地方性进行建构。已有文献多着重研究于地方认同感，本质阐述与特征研究较多，鲜有研究地方建构动作路径及形式的阐述。历史文化街区的地方建构，实际上是这个特定时代背景下所需的，旨在地方性的保护与延续，既要恪守文化传统，也要让之与时俱进。历史文化街区的地方建构需要恪守文化原真性的本土内容，也需要适应当代的去活化与利用。

一方面，中国语境下，现阶段的河南历史文化街区若不采取建构行动，将会继续扩大贬值范围，直至整个街区没有价值后被完全替代，没有物质空

间遗存，街区原真性荡然无存，历史文化蒸发，也就没有一点历史文化街区或实（物质）或虚（精神）的存在。

另一方面，河南历史文化街区这个特殊的城市空间，因其稀缺性，使得其交换价值大于使用价值。这样一来，历史文化街区的使用的偶然性和交换的必然性之间一定会产生矛盾冲突。作为地方政体，必然将历史文化街区与市场交换得以实现。地方政体需要进行历史文化街区的地方建构。

另外，从历史文化街区的公共资源属性看来，为公众打造有共享性质的地方建构是必要的。列斐伏尔将空间划分为具有物理形态的感知空间、概念化的构想空间和象征性的生活空间。这些虚实的空间在现实生活情境中能动的建构关系，他可以是环境性的空间，也可以是关系性的空间。从关系性空间建构看来，城市改造更新无论大小，都是一种空间重构过程，对城市空间资源利益的重新布局。"小街区密路网"的开放式街区就是一种效率空间转为社会空间的规划价值转变，城市空间的共享性强调社会空间的互动和建构，有益于在各社会阶层的异质性在城市空间上的融合。

从这个角度来说，河南历史文化街区自被划定或者说形成开始，已经成为一种社会公共资源，已经开始地方建构，进入空间生产资本循环的逻辑。对于历史文化街区的重新构建过程，是一个转向社会更大范围的共享过程，它让更多的市民、游客参与体验其中。这个时代下的人们，都是这个地方建构的受益者。这样看来，无论是地方政治需要，还是人文主义需求，或是历史文化街区的自身属性，历史文化街区的地方建构于情于理都是必要的。

第四节 河南历史文化街区的旅游开发模式

一、文化遗产主导的街区旅游开发模式

改革开放之后，国内城市发展与城市建设日新月异，拆除老城、扩建新城一时成为国内大部分历史城市发展的必由路径。然而，也有幸运的例外。一些城市的老城区，由于政治、经济、文化、区位或交通等制约改造的因素

而被保留了下来，成为城市历史文化的活态博物馆。作为较大尺度的历史文化街区，老城片区保留着众多城市历史文物、典藏着城市历史记忆、传承着城市传统文化，具有文化遗产品位高、旅游资源吸引力强等特点，是最具旅游开发价值的历史文化截取类型。尤其是近年来，随着丽江古城、平遥古城等古城片区，以遗产利用为主导的旅游开发先后获得巨大的成功，古城区逐渐成为众多城市的重点开发对象，承担起城市历史记忆复兴、城市文化形象重塑、城市文化产业振兴、城市旅游产业升级的重要使命。

（一）文化遗产主导的街区特征

文化遗产主导的类型街区以拥有高品质的文化遗产为核心特质。街区的空间格局、特色建筑及遗存的文化资源本身具有极高的历史文化研究价值，物质遗产与非物质遗产构成旅游开发的核心吸引物。从街区格局、空间尺度及资源现状来看，该类型街区一般具有以下四个特征：

（1）规模宏大的建筑遗产群落。相比于线性的街道，该类街区一般规模较大，通常以古城片区的形式存在，其中保存有大量的特色建筑，代表着其所在区域的传统建筑文化精华，历史研究价值和文化保护价值较高。由珍贵的建筑遗产群落构建的大尺度空间，形成区别于现代城市新区的相对独立的特色风貌区。

（2）清晰完整的历史城区肌理。文化遗产主导的街区通常以"城"的概念存在，其空间格局一般在相对较长的历史时期内未经大的变动，街区内拥有保存相对完好的城墙、街道以及庙宇、宫殿、衙门、监狱等城市公共建筑，留存着历经千百年形成的城市肌理。

（3）延续不断的地域文化脉络。街区内的生活文化与生活场景保存着传统地域特色，并由于本地居民的世代延续，传统的生活文化在其间得以不间断地传承与延续，民间生活所蕴含的各类非物质文化遗产具有典型的区域代表性，并与物质遗产空间共同构成街区文化保护的主体。

（4）历史悠久的区域发展中心。文化遗产主导的街区所构建的古城，一般在历史上就是重要的区域中心，承载着带动区域发展的重要功能。在政治、经济、文化、军事、建筑、艺术等方面拥有不可替代的区域地位，是研究某一区域发展历程的历史活标本。

（二）文化遗产主导的街区开发模式操作要点

高品位文化遗产性历史街区的旅游开发，应建立在文化遗产保护基础之上，不以单纯的经济利益为目标。处理好保护与开发的关系，促进保护与开发的良性互动，是街区旅游发展可持续的根本所在。

1. 梳理文化遗产资源

系统梳理挖掘街区内文化遗产资源，并通过科学评估，确定各类文化遗产的保护等级和保护方式，鉴别出应谨慎进行旅游开发或者近期不具备开发条件的文化遗产，同时对于适宜进行旅游开发的文化遗产进行开发分期、开发强度和开发控制措施的设计，以此将旅游开发对文化遗产的消极影响降至最低。

街区文化遗产资源的开发类型通常有以下四种：

（1）不宜开发类。特征是需要特殊保护的文物古迹，存在安全隐患未经修复的古旧建筑；不宜转化为旅游产品的其他资源。保护为主，限制游客出入。

（2）限制开发类。特征是具有重要保护价值的历史建筑、公共建筑、历史遗迹、民居、街道、城墙、非物质文化遗产等。对该类型的街区，应主要开发观光型产品；控制游客量和游客停留时间，控制周边商业业态。

（3）低强度开发类。特征是具有一般保护价值的民居，非物质文化遗产等。对该类型的街区，应主要开发高品位的文化游赏设施和高端旅游服务设施。

（4）高强度开发类。特征是不具有特别保护价值的现代建筑、仿古建筑、商业设施等。对该类型的街区，应主要开发大众化的旅游服务设施。

2. 设计遗产的转化方式

从旅游策划角度，合理设计各类适宜开发文化遗产资源的旅游产品转化方式，明确重点开发的核心产品和辅助产品，构建以下系统的旅游产品谱系：

重要历史建筑、街区公共建筑→观光景点、历史文化博物馆。

传统商业设施及商业遗产→旅游特色商业街，品牌旅游商店。

特色民居建筑→民居博物馆、高档接待设施。

一般民居建筑→大众接待服务设施。

重要非物质文化遗产→非遗博物馆、高档旅游商品、特色演出。

一般非物质文化遗产→特色旅游商品、演出。

3. 规划旅游的产业业态

由于文化遗产主导的街区规模较大，旅游业态构成相对复杂，环境控制相对困难。因此，在规划层面，按照街区内不同片区的资源特色、开发强度和产业基础，设计和规范旅游业态，剔除不利于遗产保护与旅游开发的业态，引入与街区环境氛围相融合的业态，并提出业态与环境控制的具体指标，是该类街区旅游开发与遗产保护的重要举措。

4. 明确开发的实施主体

为保证文化遗产的完整性和旅游开发的可控性，该类街区的旅游开发一般由政府主导、市场经营、社会监督，实施统一管理、统一开发的模式。根据街区特征及地方经济产业发展情况，选择适合街区发展与文化保护的开发管理模式，是决定街区旅游开发成败的关键因素之一。

（1）政府主导开发，便于管理控制，有利于开发与保护的同步实施。

（2）政府层面成立开发公司，管理者与开发者步调一致，有利于开发措施的调控。

（3）政府监督管理，引入开发企业实施开发，市场化的开发运营，充足的资金，促进旅游产业的有效发展。

5. 制定品牌的营销策略

由于文化遗产主导的街区文化遗产品级较高，在开发过程中，应避免低层次开发思路，注重品牌化、高端化的打造。鉴于该类街区规模较大，独立性突出，因此可以与所在城市品牌捆绑，也可以塑造自身独立品牌：选择适合的品牌塑造方式，并制定长期的品牌营销策略，有利于街区旅游品质升级，持续增强街区的市场影响力，为街区的发展和保护吸引更多的支持与关注。

6. 构建持续的运营体系

持续的运营体系，不仅是街区旅游发展的需要，同时也是街区文化遗产保护的需要。从规划层面，规划街区旅游收益模式，确定街区管理、基础设施建设、文化保护、居民安置等在旅游收入中所占比重，设计当地居民的参与途径和安置方式，妥善处理管理者、经营者、居民与游客的利益关系，形成可持续的、兼顾街区旅游发展与文化保护的运营机制。

通常有以下三种运营模式：

（1）景区式。特点是：实行"一票制"，门票成为街区旅游收入的重要组成部分；区内各经营摊位由管理者统一租赁，并收取管理费用；原住民大量搬迁。门票收入可以为文化遗产保护、居民安置、基础设施建设提供充足资金；门票成为游览障碍，不利于游客接待量的快速增长；原住民的搬迁不利于非物质文化遗产保存。

（2）"景点＋街区式"。特点是：主要观光景点单独收费；街区商业按照不同情况可由当地居民自主经营或管理者租赁经营；部分原住民通过出租房屋，自愿迁出。兼顾景点开发与产业发展；商业设施经营形式多样，内部形成优胜劣汰机制；管理相对混乱，公益性资金相对不足。

（3）开放街区式。特点是：取消门票收费，单纯依靠发展旅游产业获得收益；部分原住民通过出租房屋、自愿迁出。能够最大限度促进旅游产业发展；重要文化遗产开发层次较低；用于遗产保护，基础设施建设的公益性资金筹措困难。

二、街区记忆复原主导的街区旅游开发模式

2012年，北京宣布启动新中国成立以来最大规模的"名城标志性历史建筑恢复工程"，力图通过恢复北京古城墙节点上的关键建筑，再现京城"凸"字形城郭。此消息一出，旋即引发了建筑，文化、历史、旅游等相关领域的热烈讨论。在物质载体缺失的情况下，可以通过恰当的复原和复建，重现城市历史格局，重拾城市历史记忆。

作为重要的城市记忆保存空间，许多历史文化街区的开发往往面临着这样问题：虽然拥有厚重的文化与历史，但由于战争或自然损毁，大多数历史建筑和历史景观已经消失，物质载体的缺失使得街区记忆模糊，街区特色消失，街区旅游吸引力减弱，直接导致许多街区在城市发展竞争中逐渐处于落后位置。在这种情况下，在旅游语境中，以适当的模式复原街区历史记忆，重现街区历史气象，重塑街区文化竞争力，成为此类街区获得复兴的关键所在。

（一）街区记忆复原主导的街区特征

街区记忆复原主导的街区一般由于缺乏可见的核心历史文化载体，现实旅游资源品级不高。但街区所在区域历史悠久，记忆厚重，拥有较高的潜在文化开发价值。如何复原街区历史记忆，振兴街区文化产业，是该类街区旅游发展的核心问题。这类街区一般具有以下三个特征：

（1）地位独特，意义重大。街区记忆复原主导的街区一般在历史上曾是所在城市的核心区，或在文化、政治、商贸、军事等方面，拥有无可取代的区域地位，街区历史记忆的复兴对于城市文化品牌塑造和城市历史记忆保护具有重大意义。

（2）历史悠久，载体缺失。街区文化厚重，历史悠久，但随着时代更迭，最重要的历史建筑和街区格局已不复存在，致使街区历史文化缺乏适当的物质载体，街区传统氛围和街区记忆在街区现代化进程中逐步丧失。

（3）发展遇困，亟须复兴。街区记忆复原主导的街区由于传统文化环境逐渐消失，街区文化特征不明显，导致街区发展缺乏文化竞争力，亟须通过历史记忆复兴，重新找回街区特色，巩固街区的历史地位，重现街区的历史繁华，并以此推动街区经济、文化、产业的整体发展。

（二）街区记忆复原主导的街区开发模式解读

街区记忆复原主导的街区的旅游开发，关键是找到最具复原价值的核心记忆载体，并确立街区记忆复原的方式，以此构筑起街区核心吸引力。因此，需要明确以下操作要点：

（1）梳理街区历史记忆主线。系统研究街区历史发展进程，从漫长繁乱的街区发展脉络中，梳理出街区历史文化发展主线，确定最具代表性的街区文化类型和最具复原价值的历史时段，并依此剥离出街区历史记忆复原的物质与非物质载体，主要包括已经消失的历史建筑、历史景观、民俗文化、节庆节日等，从而为街区记忆的科学复原奠定良好基础。

（2）确定街区记忆复原方式。根据复原对象的特征，并结合街区的经济、产业、旅游开发的基础现状，选择适当的街区记忆复原方式。目前国内外街区记忆复原主要有：第一，重要节点复原，对街区重要的历史建筑 筑物历史标志景观进行原址复原，以此形成街区重要的景观节点；第二，片区式复原，对街区重要的街道段落、特色居住片区、重要节庆活动场所等，进行复原与再造，打造特色旅游产业发展空间；第三，创意性复原，对街区历史遗址进行全面保护，在此基础上，主要通过主题公园、主题博物馆、主题节庆等方式，将街区历史文化与创意旅游项目相结合，对街区记忆进行创意性复原；第四，标示性复原，在全面保护街区现状的基础上，对街区历史记忆脉络以及重要遗址遗迹进行系统整理，主要通过历史解说系统的构建，将街区历史文化进行标示性再现。小规模街区一般采用单一的复原方式，而规模较大的街区，则可兼具几种复原方式。

（3）设计记忆载体复原方案。在确定街区记忆复原方式的基础上，从建筑设计、景观设计、项目策划、活动策划等多个方面，给出具体的街区记忆复原方案，构建街区文化旅游的核心吸引物体系。

对于历史建筑物和构筑物的复原应尽量尊重历史记载，在体量、风格、细节处理上，恢复历史原貌。

对于街区特殊空间和街道段落的恢复，则可与街巷的居住环境改善相结合，在融入历史文化特色的同时，适应现代生活需要。

对于主题公园、博物馆等创意性项目的设计，则可以在吸收历史元素的基础上，进行创新演绎，使其更符合游客体验需求。

对于解说标示系统的建设，在解说设施风格和解说词设计方面，既体现历史文化元素，又可融入旅游化演绎，以街区历史可读性提升为主要目标。

（4）构建街区记忆游赏体系。在确立街区历史记忆复原方案，构建街区历史文化游赏格局的基础上，系统规划街区的游赏线路、游赏方式，并建设以街区历史文化为主题的餐饮住宿、娱乐等设施，规范街区旅游业态，估算各类设施的规模，以此构建完善的游赏体系。

三、商业业态升级主导的街区旅游开发模式

以服务于街区内居民为主要功能的城市传统商业街区，呈现出商住混合的空间形态和前店后舍（宅）的建筑格局，历经千百年的发展，积淀了丰富多彩的商业文化遗产，反映出城市商业文化性格与传统经济特征，体现了小农经济背景下的城市社会空间特征，具有较强的历史文化保护价值。

但随着大型购物中心、时尚购物街区等现代商业模式的出现，传统商业街区的吸引力、影响力和服务能力逐渐缩小，商业文化遗产与街区传统风貌保护堪忧。以旅游发展为导向，激发传统商业文化魅力，启动传统商业业态升级，转变街区商业功能，成为当下传统商业街区实现振兴的重要契机。

（一）商业业态升级主导的街区特征

商业业态升级主导的街区模式所针对的街区主要指以商业功能为主，并

具有重要景观价值和历史积淀的区域。该类街区一般为城市的传统商业区，在城市商业发展历程中占据重要地位。街区特征可概括为以下三个方面：

（1）商业发展历史悠久。商业业态升级主导的街区一般地处码头、寺庙周边或城市物资集散地周边，历史上就是城市重要的传统商业区，承担着重要的商业贸易和物资交流功能。街区商业历史悠久，商业文化积淀深厚，是所在城市传统商业文化的重要源头。

（2）商业文化遗产丰富。街区以销售最具城市代表性的传统商品为特色，作为城市传统商业文化的保存典范，街区内"老字号"店铺汇集，城市传统商业品牌荟萃，以"老字号"、历史商业景观、传统商品制作工艺等为代表的商业文化遗产得以保留和传承，对于外地游客具有天然的旅游吸引力。

（3）街区风貌相对传统。相比于普通的现代商业街，商业业态升级主导的街区仍然保存着较为传统的街区风貌，街区肌理和沿街建筑没有受到严重破坏，虽然部分街区的单体建筑保护等级不高，但街区本身风貌具有较强的地方特色，具有一定的开发与保存价值。

（二）商业业态升级主导的街区开发模式操作要点

（1）街区商业文化价值研究。主要包括街区商业发展历史追溯、商业文化遗产梳理、特色商业景观整理三部分内容。

商业发展历史追溯，系统研究街区商业发展历史，总结评估街区的商业价值、历史价值和文化价值。

商业文化遗产梳理，主要对街区内保存的老字号店铺、传统商品制作工艺以及独特的商业景观等商业遗产现状进行现场调查，确定重点保护与开发的商业文化遗产。

特色商业景观整理，主要对街区商业发展的物质空间进行系统整理，包括街区肌理分析，街区内具有保护价值的建筑物及构筑物以及与街区商业发展相关的商埠码头、集市、牌坊、牌匾等历史风物梳理，确定旅游化的保护及利用方式。

（2）街区商业发展现状评价。对街区目前商业发展现状进行系统评估，主要包括街区商业业态构成、商业文化保护与旅游利用现状、主要消费群体构成及消费偏好、街区商业发展环境与氛围，并最终明确提出街区目前面临的主要问题与发展困境，找到推动街区商业升级与旅游发展的切入点。

（3）街区商业业态升级策略。基于旅游开发前提下的传统商业街区升级，不仅包括商业品质的提升，同时也包括街区保护与旅游产业发展，因此规划方案应从业态选择、旅游发展、街区保护等多个方面，制定全方位的街区发展升级策略。

商业业态筛选策略，制定商业业态筛选原则与标准，量化街区商业业态容量，明确街区商业业态调控方向；明确提出重点发展业态、限制发展业态和应剔除的业态，形成较为合理的业态构成比例。

商业文化保护策略，明确街区风貌保护与改造原则及思路，明确街区历史文化资源利用方式。提出主题化的街景设计原则，以景观化的方式，重塑或提升街区空间的历史感、文化感。

旅游产此发展策略，明确旅游产业定位，制定旅游产业发展战略；明确各阶段的旅游产业发展重点。

（4）街区旅游商处升级规划。在升级策略的指导下，制定全方位的街区旅游利用方案，细致策划街区商业遗产和商业活动的旅游转化方式，依托特色空间，设计重点旅游项目，构建旅游吸引物体系。

商业遗产转化，老字号保护、传统手工技艺传承与振兴、土特产品牌化经营、基础传统商业活动的旅游节庆策划。

新型商业策划，依托街区的环境氛围与特色空间，策划新型旅游商业业态，除商业遗产之外，为游客提供文化体验、时尚休闲类旅游产品。

游赏空间构建，通过主题景观设计和街区历史风物恢复，优化街区游赏环境，打造以观光为核心的历史文化游赏空间。

（5）旅游配套设施发展规划。为迎合旅游业发展，规划方案还应关注游客中心、旅游住宿设施、餐饮娱乐、解说系统等其他配套设施与活动的策划与设计，以此增强街区旅游服务功能，形成较为完善的旅游服务体系。

（6）街区管理运营与品牌营销。在旅游利用大命题下，传统商业街区的发展方式将面临重大转变。首先在消费群体上，从以本地人为主逐步转向以面向外地游客为主；在商业功能上，从提供日常生活服务到提供旅游服务为主。构建合理的运营管理体系，塑造独特街区品牌，保持街区持续吸引力，也将成为该类街区成功开发的关键。

　　运营管理模式可分为开发商管理模式、社区管委会管理模式和商户协会管理模式三种类型，根据街区具体情况，选择适当的运营管理方式。

　　品牌营销模式是基于旅游开发的传统商业街区品牌营销模式，可分为依托传统商业活动的节庆式营销模式；借势老字号商业品牌的捆绑营销模式；依托新型旅游项目的街区品牌重塑模式。

第四章 开封市历史文化街区的旅游生态与复兴建设

第一节 开封市双龙巷历史文化街区的生态保护

一、开封市的发展及其文化景区

开封，又名汴梁，历史上有过启封、大梁、东京、汴京等名称，开封市区自西北向东南倾斜，形如卧牛，故有"卧牛城"之称。开封人酷爱菊花，以种植菊花为乐事。每当深秋，开封便成了菊花世界，自北宋起重阳赏菊之盛况沿袭至今。因此，开封又有"菊城"之誉。开封历史上"四水贯都"，河湖相连，城中有水，水中有城，素有"北方水城"之誉。开封在历史上曾有战国的魏、五代的后梁、后晋、后汉、后周及以后的宋、金等王朝在此建都，故有"七朝古都"之誉。另外，这里还曾是西汉梁国的都城、元末农民起义军建立的农民政权的都城和明初的北京，所以开封又有"十朝都会"之说。开封是国务院首批公布的全国历史文化名城之一，同北京、西安、洛阳、郑州、安阳、南京、杭州并称"中国八大古都"。开封市是一座中外闻名的旅游观光城。

（一）开封市城区的发展与城市文化

1. 开封市老城区的发展演进

受到地理条件、社会环境、经济文化等多种因素的共同作用，开封老城建设呈现出一定的生长序列。早在魏时期，大梁城的兴建依据统治者的思想理念规划建设，宫城规整居中，水陆交通经纬制，城市空间比较封闭，商品经济几乎没有什么发展，城市结构简单而松散。中期随着隋唐大运河的贯通，南北经济文化流通与发展，开封古城凭借其水陆要冲的地理优势不断发展，城市规模扩大，继而随着北宋里坊制的打破，开放式街巷制的成立，古城由封闭走向开放，呈现出前所未见的"沿街致密性"特点，主要街道两旁充斥着各类商铺，来往人群熙熙攘攘。后期伴随金灭北宋后开封城原址重建，元承金制，至明清晚期时，开封古城除了中轴线的位置稍有变动，老城的空间布局已经发生了显著的改变：一是宫城消失，北宋时期方正的四重城垣环套体系随着历史推移，演化成明清期间的不规则两重城垣环套格局；二是城内功能分区重新组合且类型更加丰富，其中政治中心北移，商业区域占据较大的面积；三是由于历年的黄河水患，城市内外的河道改向或者淤塞消失，水陆通达的古城成为历史。同时，开封古城的政治、军事功能逐渐退居次位，经济功能上升至主导地位，手工业和商业贸易不断发展，城市空间结构形态的演化更多呈现出"自下而上"的生长机制。

总之，开封古城的发展演化是一个延续、渐进的复杂过程，既表现出统治阶级思想驾驭下"自上而下"的统一规划营建原则，也有因居住人口增长、经济文化功能发展而引发的"自下而上"居住模式、经济结构乃至空间形态的变革，经济功能日益上升为促进城市发展的动力源泉。

2. 开封市城市文化研究

开封历史悠久，文化底蕴丰厚，在历代封建王朝更替中几经沉浮，多次水患又使得开封数次重建，形成了开封至今以"运河和宋都文化"为主体，多元文化并存的开放格局。运河造就了开封璀璨一时的宋文化，并通过现存建筑遗址、生产生活方式、民俗技艺等得以呈现及延续，连同后续衍生或者汲取而来的文化基因共同交融形成了如今开封的独特的地域文化。这些文化体现在开封人生活的方方面面，延续至今，按照文化的载体属性可以分为物质文化和非物质文化。

开封还拥有多项省级非物质文化遗产项目，非物质文化遗产代表性传承人。很多文化民俗被认定为国家级非物质文化遗产，包括：汴京灯笼张、朱仙镇木版年画、汴绣工艺、开封盘鼓等。漕运文化和城建文化是开封城市公共空间更新的根基。与此同时，伴随主体文化（漕运文化和城建文化）形成发展的民俗文化、饮食文化、商业文化、空间文化与人们的日常生活密不可分，更使得这座城市活色生香的展现在人们面前，充满了与众不同的独特魅力，是社会空间包容性更新的重要参照。

（二）开封市的文化景区

开封，在宋代以后虽然历尽沧桑，但仍保留了大量的历史文化遗产。遍布市县的名胜古迹，依稀可辨的古城风貌，特色浓郁的民俗文化，为古城增添了无穷的魅力。目前开封市有名胜古迹景点有铁塔、北宋东京城遗址、开封城墙、繁塔、延庆观、开封刘青霞故居、开封东大寺、朱仙镇东大寺、山陕甘会馆等全国重点文物保护单位，另有省重点文物保护单位，包公祠、清明上河园、相国寺、龙亭公园被评为国家 4A 级的旅游景点。铁塔、宋都御街、山陕甘会馆、禹王台、繁塔、翰园碑林等被国家旅游局定为国家级的旅游景点。龙亭公园、铁塔公园、禹王台公园、玉津园公园、朱雀园、汴京公园、天波杨府公园等各具特色，融古汇今的园林，展现出古都风貌。

开封浓郁的历史文化氛围，还形成了开封饮食风味的独特。开封是豫菜的发源地，品尝正宗、传统豫菜首推开封。开封风味小吃、风味食品，品种繁多，独具特色。通宵达旦、热闹异常的鼓楼夜市更是开封这座古城的一大特色。

悠久的历史和丰厚的文化积淀，使开封还具有丰富的非物质文化遗产。开封的书法、绘画、工艺美术品、戏曲、杂技及丰富多彩的民间娱乐活动，都极具特点。闻名于世的汴绣、官瓷、朱仙镇木版年画不仅成为国内的畅销品，而且深受国外人士的钟爱。

1. 宋东京城遗址

宋东京城遗址位于开封市区及西郊，由于历代兵火水患，现已全部淤没于地下。经过考古专家多年的发掘，在古都开封地下，上下叠压着 6 座城池，其中包括 3 座国都、2 座省城及 1 座中原重镇，构成了"城摞城"的奇特景观。开封"城摞城"叠压层次之多、规模之大,在我国文明史上是绝无仅有的,在世界考古史和都城史上也是独一无二的。这层层叠压的6座城池,立体地展现了开封多年来的城市变迁史。从某种程度上可以说,一座开封城也是一部王朝更替史。北宋东京城遗址,已被国务院列为全国重点文物保护单位。

2. 宋都御街

宋都御街是当代仿宋式古建筑一条街,是开封最具有古城特色的街区,是领略宋都古韵的主要去处。

御街原是北宋东京城南北中轴线上的一条通关大道。它从皇宫正门宣德门起,向南经过里城朱雀门,直至外城南薰门,长达5公里。是皇帝举行南郊大礼和出宫游幸经过的主要道路,故称为"御街",也称"御路""天街""端礼街"。御街宽阔壮观,是东京城市街道的典范。但是,由于历史上黄河多次泛滥,壮观的东京城和繁华的御街已被埋入地下深处。为了再现北宋故都东京商贾云集的繁华景象及精湛的建筑艺术,领略北宋故都的古老风情,开封市动工兴建了仿宋一条街,即"宋都御街"。

"宋都御街"在设计和布局上突出了宋代特色。大小店铺均采用宋代营造方式,全街南高北低,多为二三层建筑,既有三步两店的一般店铺,又有体量大的仿古楼阁。沿街建筑青砖灰瓦,朱栏雕窗,主要建筑还施以宋式彩绘,使御街大放光彩。

当代宋都御街中最富有宋代特色的建筑当属牌坊、樊楼和角楼了。牌坊位于御街南入口处,它高大雄伟,色彩绚丽。牌坊两侧御林军卫士塑像身着盔甲,手握长矛,骑于大象之上,威风凛凛,显示了昔日赵宋皇家威严,也揭示了河南简称"豫"的来历。

角楼位于牌坊两侧,一式两幢隔街相望,对称而立。此楼为仿宋三层楼阁,楼顶采用独具特色的四面歇山式十字脊,尤其稀奇的是,在角楼同一座建筑之上同时采用十字脊、歇山造、缠腰、龟头殿、檐之顶等不同形式的屋顶,加之又采用了木构建筑中退台式的特点,使整个角楼层层叠叠、高低错落、变化无穷,再现了北宋古建筑的风格。

樊楼位于宋都御街北端,本为商贾卖白矾之所,俗称白矾楼,简称矾楼。樊楼是北宋时期开封著名的酒楼之一。它"常有饮徒千余",被时人誉为"京师酒肆之甲"。入夜樊楼"灯烛晃耀如同白昼",尤其是每年的正月十五元宵节，矶楼上每一瓦垄中都置莲花灯一盏，光华灿烂，极其壮观，"樊楼灯火"历来为一大胜景。因此，达官贵人、文人墨客常集聚于此，饮酒赋诗，留下脍炙人口的佳篇。南宋诗人刘子翚曾以"忆得少年多乐事，夜深灯火上樊楼"来形容它的风光和豪华。宋徽宗与京师名妓李师师的风流韵事及《水浒传》中宋江托李师师求见宋徽宗，到此接受招安的描写，更使樊楼增添了传奇色彩。新建的樊楼是一座庭院式的仿宋建筑群，楼高三层，由东楼、西楼、南楼、北楼和中心楼五座楼构成，整体建筑高低起伏、檐角交错、富丽堂皇，再现了"三层相高，五层相向，飞桥栏槛，明暗相通"的宋代樊楼建筑风格。

宋都御街的建筑不仅极具宋代特色，而且还是一条商业街、娱乐街。人们走进御街，恍惚有一种一步跨进历史、转眼似成古人的感觉。

3. 清明上河园

清明上河园是以北宋画家张择端所作的《清明上河图》为蓝本，集中再现《清明上河图》中风物景观的一座大型民俗风情游乐园。这是领略宋都古韵的另一去处，是展示开封古都历史文化特色的龙头旅游项目之一。

清明上河园景区设立"清明上河图研究会"，汇集《清明上河图》的各式版本和研究成果；陈设宋代科技展、宋代犹太文化展和宋代名人及文化展，展示汴绣、官瓷、木版年画、茶道、各式小吃、宋代纺织等现场制作表演以及曲艺、杂耍、木偶、皮影、神课、博彩、斗鸡、斗狗、水上百嬉等宋都风情。景区内还集中展现了宋代宫廷食品、传统名优小吃以及地方风味食品。

4. 翰园碑林

翰园碑林位于龙亭湖西畔，清明上河园北侧，这是由退休干部李公涛先生自筹资金，带领全家经过多年的艰苦创业，建成的一座集古今诗、书、画、印精华之大成的，具有多功能、多层次旅游观赏价值的大型文化旅游胜地。

碑林是一处集书画篆刻艺术与古典园林建筑艺术为一体的游览胜地。碑林分为碑刻展区和风景园林区两部分。碑刻区有大小八个院落，风景园林区有亭台楼阁，苍松翠柏，漫步园中，身心释然。

5. 开封府

开封府坐落于包公湖北岸，原建筑历史悠久，规模宏大，主要建筑有照壁、府门、正厅门、戒石坊、正厅、议事厅、梅花堂、北门、监狱、马厩、教场、兵器库、佑圣观、贵宾馆、吏书房、左右军巡院、六曹、司录厅、花园、清风楼、潜龙宫、书院等，全部仿宋建筑，内中陈设展览也以宋代为主，包括与开封府密切相关的史料、传说与故事，并有开封府的审案文艺节目表演等内容。因包拯在位时曾任开封府尹，他铁面无私，执法如山，为后世百姓所称颂，慕名远道而来的游客，都要拜谒包公祠，寻访开封府。

6. 龙亭公园

龙亭公园位于开封市西北隅，坐落在后梁、后晋、后汉、后周、北宋和金朝末年的皇宫的遗址上（地下文物北宋皇宫遗址为全国重点文物保护单位）。龙亭三面环水，黄色琉璃瓦顶的大殿高耸于一座13米高的巨大砖砌台基之上，前面是广阔的潘、杨二湖，以龙亭为中心形成的龙亭公园，是开封市最大的风景区。

在龙亭大殿及东西朝房内建有我国第一座宋代蜡像馆。以北宋皇帝在执政期间政治、经济、文化、外交、科技等方面的重大历史事件，分别塑造了"宋朝开基""杨业归宋""澶渊之盟""包拯赴任""召见外使""安石变法""水运仪象""徽宗作画""李纲复职"等蜡像，包括人们熟悉的赵普、杨业、寇准、包拯、王安石、司马光、韩琦、李纲等文臣武将，人物形象逼真，惟妙惟肖。

在龙亭大殿前御道两侧为潘杨二湖。波光粼粼，湖心岛和湖心亭点缀其间，湖岸垂柳成竹，形成龙亭公园的美妙景观。

7. 铁塔公园

铁塔公园以现存于园内的宋代文物铁塔而得名。铁塔八角十三层，塔身通体为赭色琉璃砖镶砌而成，因其颜色近似铁色，俗称铁塔，该塔因当年建在开宝寺内，亦称开宝寺塔。开宝寺塔形体雄伟秀丽，建筑艺术精湛，有"天下第一塔"之美誉，被国务院定为全国重点文物保护单位。铁塔公园内除铁塔外还有接引殿、嬗变艺术宫、铁塔历史文物陈列室等景点，将铁塔映衬得更加雄伟壮观。

二、开封市双龙巷历史文化街区的保护策略

（一）构建完整的文化生态体系

城市的物质文化是城市生态文化体系的表层，它是由城市全部可被感知的、有形的各类构筑物组成，包含了城市的整体形态和色彩、城市街道肌理、天际线以及城市自然环境等物质文化的外壳。物质是空间构成的基础，也是

城市历史文化的表现方式。当然，完整的文化生态系统不仅仅只有物质文化，还包含丰富的非物质文化。所以，要想建立完整的文化生态体系，对历史街区的保护必须从物质和非物质两方面去考虑。

1. 物质文化体系保护

双龙巷内最主要的物质文化，就是在双龙巷发展的历史长河中，所呈现出的映射每个特殊时期的历史性建筑，也就是街区内现存的大量民居和名人故居。在保护过程中，应当对现有的建筑进行分类和保护。

第一，一些保存完整的院落或建筑，应当采取保存的方式，即不改变文物原状，不损毁、添加或者改建，在对建筑外观进行修复时，采用原始材料以及原始的施工方法，保留建筑的"原汁原味"做到"修旧如旧"。

第二，对于一些局部改变但整体仍有原始风貌的历史性建筑，应该谨慎保护和修复其原有的历史风貌，并以建筑原有的特点为参照，对改变了的部分进行修整和更换，使其整体风格统一。

第三，由于街区经历了历史的不断更替，且社会仍不断发展，居民们根据自己的生活需要添加一些新的建筑也是必然的事，但是这些建筑大多和历史街区的整体风貌有太多冲突，例如：使用材料颜色过于鲜艳、立面贴瓷砖、金属的门窗、建筑层数较高以及采用平屋顶。对于这一类建筑，可以通过更换建筑构件，降低建筑层数、改平屋顶为传统硬山屋顶等手法，使新建筑在外观上达到与街区整体风貌和谐的要求。

第四、对于已经完全破坏或者完全不能满足使用功能的历史性建筑，一部分依据历史原貌进行重建，另一部分可以根据街区居民的生活需要，将该用地转化为居民公共空间和街区绿地。

在漫长的历史长河中，双龙巷经历了不同的年代，由于时间的流逝以及黄河的多次水患，导致目前街区内的文物建筑多为清末和民国时期所建造的，整体风格统一。但是建筑内部的装饰却是多姿多彩的。在对历史建筑外观进行保护的同时，还要保持建筑内部装饰的真实性，从而展现居住性历史文化街区的文化多样性。

2. 非物质文化体系保护

今日历史性文化街区的保护，多采用"存表去里"的方式，保留街区建筑外观或是整体风貌不变，把居住性历史文化街区转换成为商业旅游景区，这种做法是不可取的。

街区内的非物质文化体现在以下两个方面：

第一，街区内的社会生活，在对双龙巷进行实地考察和走访时发现，虽然大部分建筑被拆除，居民大量迁出，但是走进街区的瞬间，还是感受到了这里浓厚的生活气息。一部分留在这里的居民还保留着原来的生活方式，他们之间存在着稳定的交往模式，有共同的价值观。虽然双龙巷已经不再是昔日的车水马龙，但是这里对他们而言依然存在归属感，他们不想离开的不仅是世代生活的房屋，更是长期在这里生活所形成的社会关系网和风俗习惯。所以，在对双龙巷历史文化街区进行保护的时候，也须关注街区内的社会生活，保留街区原来的居住性功能。因为"人"才是使街区具有活力的根本。

第二，街区的历史文脉，对于历史性文化街区来说历史文脉的价值自然是不必多说的，对于双龙巷而言，它的历史文脉价值可从街巷名称由来的传说和近代多位名人在此定居来体现。沿着这两条重要的线索，对双龙巷的历史文脉进行保护。例如，把张钫故居、陈慰儒故居等名人故居作为重点保护对象，了解名人故居产生的文化背景和所处时期的建筑表现形式，以街区内的胡同和街巷为纽带，将散落的名人故居串联起来，对故居的建筑外观和内部装饰进行修复，形成双龙巷内以名人故居为空间节点的文化生态廊道，展现其历史发展过程中留下的文化印记。

（二）保护街区本有的空间形式

历史文化街区的空间肌理是指街区内的街道和传统建筑，以及街区和谐的空间组织形式与规律，体现了街区独特的空间文化。双龙巷的空间系统是由街区整体的空间与建筑的布局、胡同的组织规律所构成的统一体。在对双龙巷进行保护时，应保持街区空间构成形式所反映出的历史文化的完整统一和延续性，以求历史文化街区整体风貌的完整和真实。

首先，要注重街道的尺度问题。由于受传统文化的影响，传统街道两侧大多都是低矮的建筑且左右呼应呈对称式排列，街道的宽度也较窄。双龙巷是居住性的历史街区，所以街区内的胡同或街巷基本是以人们步行的交通方式设计的，尺度较小但灵活串通，街道两侧多为低矮建筑。紧凑的空间关系使人生活和行走在街巷间感到舒适和安全。因此，尺度宜人的胡同是双龙巷历史文化街区空间文化形态中最突出的特点。在保护中应延续对胡同这一特征的保护，使街区在心理和感观上都给人以深刻的归属感和印象，也由此加强街区的可识别性，以此延续街区的空间文化形态，并使其特色得到更好的体现。

其次，要注意空间肌理的连续性。双龙巷内的街巷虽然体量不大但却四通八达，把整个历史文化街区保护范围内的空间有机地连成一片，形成了道路网络。但是目前，大部分建筑被拆除，导致道路网络无法连续。因此。在对街区进行保护时，要提取街区内原有的地面空间肌理，归纳出其文化生态特征和组合模式，并以此作为双龙巷历史文化街区地面空间肌理延续的基础。在此基础上，对于肌理缺失部分进行填补，将青砖、灰墙、坡屋顶等传统元素进行组合，保证新建筑与传统建筑的统一，形成道路网络和周边的自然以及建筑环境的和谐关系。

再次，合理规划街区的天际线。街区内的天际线由实体和虚体两部分组成，即建筑的屋顶轮廓和建筑与建筑之间连接线。由于街区内多数建筑遭到拆除，以及居民自建新建筑的有高有低，导致街区天际轮廓线的不连贯和参差不齐。在对街区进行保护时，可在被拆除建筑的原址上根据历史资料和建筑原貌进行拆除建筑的再生，使其与周边建筑间形成和谐的空间关系，同时填补天际线的凹陷。对于高度过高的建筑应加以控制，在街区的核心保护地带，建筑层数不可超过两层，建筑檐口高度小于 7 米，在核心地带以外的建设控制地带，其高度不超过 10 米。通过填补和控制使天际轮廓线呈现出和谐统一又不失变化的状态。

最后，正确处理街区空间色彩。双龙巷街区的空间色彩不但符合开封古城整体色彩体系的总特征，也有其自身在历史的发展中和外来文化的交流所形成的个性化特征。因此，在双龙巷的空间色彩的处理上，应以开封古城整体色彩体系为基调，制定出几组符合街区整体风格的颜色，通过主、辅色调搭配的变化和统一，形成街区内和谐的色彩体系。通过调查发现，双龙巷历史文化街区的核心保护区的整体色彩基本统一，建筑墙面多为灰色系，搭配深红色或棕色的门窗，显得安静古朴。在修复和新建时也应遵循这种配色方式，使街区整体色调统一。另外，对于地标性建筑和以通过增加主色和辅色的对比，来提高建筑的可识别性。

（三）完善街区的基础设施建设

改善街区的生活质量，创造良好的人居环境是居住性历史文化街区可持续发展的重要保障。对于双龙巷历史文化街区而言，街区内建筑质量退化，院落空间狭小，部分居民为了提升生活质量私自搭建违章建筑，使原本狭小的院落变得更加拥挤。街区内基础设施落后，卫生条件较差，由于时间久远，现有的设施也得不到良好的保护和维修。头顶随处可见乱搭乱扯的电线，造成了很大的安全隐患。街区内人口普遍为老年人和城市收入较低者，人口密度较大，人均住房面积达不到城市平均水平。

针对这样的现状，一方面需要拆除私自搭建的违章建筑，以及质量已不能满足居住功能的建筑，降低房屋密度，扩宽生活空间。对此，可将部分已经拆除的建筑所用之地转化为服务功能，满足街区的服务需求，这种方法在一定程度上使街区的空间肌理更加规范和完整。另一方面，加强街区内的基础设施建设，解决居民的基本生活问题，如供暖、天然气、电力和通讯等等。采用铺设地下管道的方式，既可以维护历史文化街区的整体风貌，又减少管道和线路交叉带来的安全隐患。对垃圾收集进行规划，实施垃圾的分类处理，在街区设置垃圾回收处，避免垃圾乱丢影响街区生活环境。

（四）提高大众参与度，鼓励居民回迁

日常维护对有效地保护历史城镇和历史城区至关重要。这里所说的"日常保护"就是指公众参与的保护行为。在20世纪70到90年代之间，英国城市的历史文化街区里很少有大量的历史建筑遭到拆除的情况，研究发现其原因是因为公众的参与。无论是在国内还是在国外，许多城市的建设或历史街区的更新都采取的是"自上而下"的政府行为，很少有社会群体或者居住性历史文化街区的原住民参与进来。

而事实上，居住性历史文化街区是居民生活的直接体现，合理更新的原动力应该来自居民生活。所以在对街区进行保护时，让更多的居民参与其中，才能使保护后的街区更符合居民的生活习惯。双龙巷被列入开封古城重点保护的历史文化街区之列，由于该街区的核心保护范围较广，在对其进行保护时，更应广泛听取居民意见，必要时可由居民进行家园的自我建设，政府给予补贴，让街区居民在今后的生活当中自觉地成为街区文化遗产的捍卫者和守护

者，从而得到心理上的认同感和归属感。

对双龙巷居住性历史文化街区进行保护时，原住居民的去留是一个不容忽视的问题。在这个问题上，应该充分尊重居民的选择，对于自愿留在历史街区的居民，可根据居民收入情况的不同提供就地购房、回迁租房、自行集资改造或直接安置的便利；对于自愿迁出的居民也应提供异地住房、廉租房或是资金补偿。我们应该认识到，历史街区内必须保留相当数量的原始居民，只有延续原来的生活方式，才是对街区整体的文化生态体系的最完整保护。

第二节　开封市鼓楼历史文化街区的风貌复兴策略

历史街区是城市居民日常生活的物质载体，也是传承历史文脉、展示地方特色风貌的核心区域。而公共空间则作为街区居民生活交往的基本场地，不仅需要为当地居民、游客、外来务工人员等提供基本的功能需求，还需要满足人们的情感维系、信仰归属、社会交往等精神需求，是彰显地方文化精髓的窗口。公共空间的发展状态直接影响街区的长治久安，城市文明的存续。

开封地处河南省东部、中原腹地和黄河之滨，是全国首批国家历史文化名城，优秀旅游城市。现阶段开封城市内部格局的演变，依旧是以老城区为核心，突出其历史文化特质。通过大力发展第三产业，将旅游、休闲、商贸、教育等综合功能开发出来。随着城市发展由增量扩张到存量更新的转型，开封老城区的更新日益成为学术和公众关注的热点。

此处以开封鼓楼田字块历史风貌区为例，优化物质空间、建设多样共享的公共服务设施体系，探索中国历史地段和传统居住区公共空间的复兴路径，意图让开封市建设与发展惠及所有群体。

一、鼓楼田字块历史风貌区公共空间的重构

根据社会经济发展环境来看，历史街区要实现更新重塑，主要就是将空间内原有生产资料实现重新建构，将其纳入现代资本生产逻辑框架内，这是积累原始财富的重要途径。通过改善地方居民生活环境，能很好地实现生活

空间、方式多元化，但是，从结果来说，我们看到的却是现代化生活方式将地方文化大量取代。更新后的街区公共空间在西方消费主义的影响下成为商业空间的附属空间，一些高端业态的设置甚至使空间服务于特定的消费人群，原住民的置换迁出进一步加剧了街区空间的绅士化。历史街区宛如身披一件格格不入的彩衣，失去了原本的历史文化神韵和地方生活品质魅力。这种公共空间更新是否符合历史文化规律，需要我们进一步探索，才能找到真正适合的路径来重构文化价值。

（一）回归居民的日常生活

中国城市建设基本是由上到下，由政府主导、开发商承接，形成一种"城市增长联盟"，这是公共空间重建的重要主导方，由此可见，公共空间成为上层阶级意志表达的表征，社会公民生活需求反而不受重视。建构大众公共空间时，需要考虑到居民日常生活，基本规则有：第一，确定更新、被更新各方主体间互动为良性关系，能向被更新主体日常生活深度挖掘，确定群体性生活习惯、行为特点，以满足居民的生活需求导向进行设计；第二，更新程序上"回归市民"，让被更新主体参与更新实际操作中。由于现代城市构建属于综合性很强的复杂系统关系，受到现代主义理性规划制约的同时，还要考虑到居住者在多个生产生活方面的需要。这就说明能建构由下到上公共参与机制的重要性，能让居民提供对公共空间发展的基本要求，这对于多样化需求满足意义重大，是营造公共空间公平、平等、民主环境的重要方式。

（二）满足群体多样性需求

由于公共空间承载的责任是公共交往，需要将其设计成具有促进积极交流行为发生的环境空间，是实现不同类型活动密度提升的重要场所。根据公共空间功能标准，建构各类功能性区域时，就要考虑到各类人群的实际要求，包括原住民、外来务工人口、租客、游人、老幼病残灯，能让人们看到基本设施符合出行要求，实现空间环境内停留满意度提升，为不同人群融入空间环境创建更好的条件。

此外，也可以通过事件的设计，如一些节庆、展览等活动，这些都是能让人们主动参与到活动的方式，实现公共活动深度、广度的阶段性提升，实现社会交往目标，这对于促进思想交流、文化共享意义重大。

（三）公平公正和消融隔离

公共空间能为居民提供基本的日常生活环境，组织相关社会性要素，实现非结构性的自发活动，是任何社会群体、阶层都能实现的方式；公共空间的意义在于就容纳异质的社会人群，使得公共服务的均等化，促进多元文化交流活动，实现社会的公平和包容。但是，因为中国城市空间异化问题非常突出，导致居住区层级分化现象逐渐成为社会性话题，主要受到经济实力（如级差地租）、社会过程（如种族聚居、改造更新）等因素影响，公共空间也彼此孤立。割裂的公共空间公共性与开放性不足，使得人们的活动在地理和功能上发生了分化。公平公正的公共空间才能实现社会阶层的消解融合。

（四）保护和传承地方文化

居民的日常生活，各类文化行为都能将地方文化特质展现出来，节假日活动、服装习俗、建筑物形态等，都是能体现在公共空间中的地方文化现象。全球文化侵蚀下，地方文化要保持独立难度逐渐提高，很多地区的公共空间都成为全球文化、地方文化交汇碰撞的场所。此背景下，公共空间不应单方面的被同质，而要形成一种不同文化间相互融合、对话的理想模式，既能够实现文化价值共性观念的建构，还可以为地方文化带来更多社会要素，将新的优秀文化吸纳进来，实现地方文化的二次发展。

二、鼓楼田字块历史风貌区物质空间的复兴策略

针对鼓楼田字块历史风貌区公共空间的现状问题，街区公共空间的复兴分别从物质空间层面和社会空间层面入手。物质空间是城市包容性的形成基础，要求提供类型丰富满足多样性生活、生产、交往等需求的公共空间，完善基础服务设施，改善生态环境，是传统的改造重点。鼓楼田字块历史风貌区物质空间的复兴应采取循序渐进式改造策略，使其从宏观到中观再到微观，从整体到局部，与城市的整体发展协调共融。

（一）宏观层面——开发引导控制

历史街区的公共空间更新应对应上位规划而实施展开，但城市更新并非纯"规划"过程，也是一个注重"设计"的过程，应在宏观上把控开发过程。鼓楼田字块历史风貌区公共空间的发展，一定要考虑到的管控问题，经过总

结梳理为如下四个方面：

（1）从环境容量上加以管控。核算制定地块容积率、建筑密度、人口密度和绿地率等指标，为公共空间预留容量。此外，要对建筑的设计、施工等活动进行有效控制，确保土地使用性质及集约式利用方式，可以在局部范围内实现建筑物布局合理化，这对于梳理建筑物间群体关系，是提供必备技术基础的方式，实际控制内容包括：建筑高度、建筑间距、建筑后退、基础设施条件限制等，从宏观政策上避免街区空间过于拥挤、违章乱建、传统大型城市综合体等对街区风貌的破坏。

（2）从更新模式上引导转变：避免传统先拆后建的重复发展方式，尽量保留特色生活场景，采用织补式更新法。①全面、深入的现状摸查街区现有的历史文化遗迹，发掘与历史空间相辅相成，具有地域特色的现代生活场景；②保护历史风貌、挖掘特色生活场景的潜力价值，寻找延续原有区域内生活方式，通过分析生活逻辑、发展规律等，确定实际平衡点，由此展开局部更新；③避免大规模资金投入导致的多样性缺失和消费空间的过度膨胀，可利用政府拨款、地方企业投资相结合的方式，实现重塑更新资金链的稳定。政府方面要对基础性市政设施有主导权，相关的加固、修整、功能性增加等，可借助产权人来筹集充沛的社会资金；④在深入研究街区风貌和建筑空间机理的同时，能让地方居民成为建筑改造更新重要参与方；⑤通过区域整合、循环治理来动态调整城市建设步调，跟踪项目的后期运营并及时调整空间业态或功能，使项目更新自始至终能为居民提供契合需求的公共空间。能以新城市发展目标为基础，积极推进空间功能建设与完善，实现研究区域生活品质的有效提升，传承文脉同时满足现代化日常生活、生产、休闲交往需求，重新聚集人气，回到城市的整体运行体系中。

（二）中观层面——空间体系整合

传统的历史街区空间往往呈现出独具特色的地域性空间格局，居民以空间的整体结构为基础有序开展日常活动。然而，很多成熟空间格局受到各类因素导致了元素割裂，随意私搭乱建、无序建设等，都对空间产生过度支配与使用，街区空间体系的整合包括空间形态修复、空间结构优化和交通网络的构建。

1. 修复公共空间形态

鼓楼田字块风貌区公共空间形态的修复，包括空间结构的疏通完善，街区界面、肌理的整治，以及空间边界与周边城市空间的融合。

（1）空间肌理的修复。街区的加建建筑，严重破坏了实际肌理形貌，导致街区呈现出低辨识度的问题，原本可通过拆除处理的构筑物来解决，因为涉及居民院落使用权，从而需要长时间协商后才能完成。实际操作中，在建筑的拆除修复过程中应根据建筑的历史价值和使用价值，结合居民意见，分级别采用保留、修缮、拆除翻建的措施，尽可能保留街区风貌同时，实现局部新建，能以二层传统建筑物为各类居民提供生活需求满足的方式，特别是能将人口密度过高问题有效缓解。新建筑在风貌和尺度上尽量保持原有建筑的特征，从指定的色彩、质感、尺度范围内选取上正确选取施工材料，实现新旧建筑肌理的有机融合。

（2）空间界面的整治。既要将违章建筑合理拆除，更要让居民认识到违章建筑对历史街区的负面影响，还要通过拨款增加加速对破旧院落的修复和重建，协调街道立面上空调机位、广告招牌的安置、设计，实现街巷侧界面优化；对于街道杂乱布置的通信光缆线路采用地下管道敷设的方式，实现街巷顶界面的优化，在优化交通系统的基础上实现基础设施的更新，包括垃圾收集设施、公共卫生间、道路铺装等，实现街巷底界面的优化。

（3）公共空间边界融合。可将原有闭合空间环境适度重塑，沿着街道边界开始向周边市空间渗透，通过适当的材料、合理的设计方式使街区空间与现代化的都市空间自然衔接，相互联系，展示街区风貌的同时促使街区公共空间面向大众，走向开放，全面实现街区公共空间与周边区域现代化的都市空间整体融合，避免城市"孤岛"现象的产生。

2. 优化公共空间结构

（1）空间功能的升级。鼓楼田字块历史风貌区内人口老龄化现象严重，年轻人不断外迁；不同地段的发展反差巨大，寺后街相国寺片区繁荣的商业景象和破败萧条的传统居住区内对比鲜明。任由传统居住区的衰落，原住民不断撤离，特色的生活场景不再，地方文化失去了传承者，城市文脉终将断裂；而不断涌入的商业服务业会因过度饱和陷入恶性竞争的循环中，无论是文化保护目标还是经济效益都将受损。

　　鼓楼田字块历史风貌区内，实现公共空间更新主要是建立在各类地块现状基础上，能实现不同文化背景共同构建，打破空间功能单一化的趋势，形成以传统民居区、宋文化区等为主，文创产业区、现代商业区、现代住宅区为辅的空间功能分区，通过对各个片区的塑造，改善街区居住环境同时吸引投资、发展经济，将传统街区与现代社会融合，增加原住民的就业机会和收入水平，吸引年轻人的回迁，延续街区特色生活场景和历史风貌，提升街区吸引力，进一步助力区域经济的发展。

　　（2）空间节点的完善。梳理原有的内部结构环境，能实现街巷骨架的合理保留将周围违章搭建问题彻底解决，保证线性公共空间的畅通，同时根据街区人行动线特征在鼓楼田字块历史风貌区内各街区的合适位置增设点状和块状空间节点来完善公共空间网络结构。点状空间的增设位置主要选取在传统民居的门厅附近以及街巷中因建筑的不对称围合形成的小块开阔空间，或者依赖街区的古树绿化、历史遗迹等增设雕塑、座椅、绿化、康健设施、儿童游戏设施等满足居民的日常交往、闲聊、休闲锻炼等活动需求。块状空间因其面积的要求，且街区内建筑密集，增设难度较大，可在新近开发的项目中选择基地腹地或出入口附近开辟宽敞的历史文化广场或现代休闲广场，与鼓楼广场共同构成块状空间节点体系，满足居民的节庆聚集、大型仪式休闲娱乐等活动需求。通过空间结构的完善整合空间资源，不仅为居民群体丰富多样日常活动提供物质空间平台，同时也为外来游客打开展示街区人文风貌的窗口，修复了鼓楼历史风貌区的空间系统，重新激发了街区活力。

　　（3）绿化景观环境的建设。研究范围内各街区的绿化基本以行道树和私人门前绿化为主，缺乏大型集中的景观绿化空间和系统的绿化网络，街区绿化环境亟须改善。街区绿化景观环境的建设应当在构建公共空间体系时，依附基地文化氛围及块状、线型、点状公共空间系统补充相应体量、不同主题的绿化景观节点公园；建设纵横街区的景观大道，完善行道树的种植，采用乔木、灌木结合的方式，沿街配以花坛盆栽，具体品类选择应综合考虑街区内不同时节的景观配置；同时鼓励居民私人绿化的发展，形成传统街巷绿化带，从不同层次提升街区的绿化景观和生态环境的建设。

3. 构建交通网络

公共空间中日常活动的顺利开展离不开空间交通网络的构建，发展鼓楼历史风貌区的公共空间步行网络，加强公交系统的建设，衔接空间节点与公共交通设施。

首先，建立鼓楼历史风貌区内步行网络系统，通过对交通行为活动加以控制，比如科学处理停车问题，制定合理的人车分行、人车混行模式，实现无障碍化的步行公共空间，不仅使各类活动空间的联系自然便捷，而且为居民主体打造安全、舒适的漫步环境，使空间不只是必要性活动的场所，更能不断刺激居民群体自发性活动、社会性活动的衍生。

其次，加强鼓楼历史风貌区内公交系统的建设，使公共交通便捷、舒适、经济。通过这样的举措，一方面降低街区私家车的需求空间，另一方面使主要公共空间节点与城市交通站点衔接密切，有助于建立交通便捷、互为渗透的公共空间体系，打破公共空间彼此割裂的现状，使居民能大范围的自由选择心仪的活动空间，促进群体之间交往互动，增添街区的空间活力。

（三）微观层面——空间精细化营造

鼓楼田字块历史风貌区中符合使用群体需求的公共空间严重不足，尤其休闲交往、运动康健、景观绿化类空间。面临风貌区内建筑密集、用地限制的难题，要让公共空间建设真正满足多样性群体的需求必须从微型空间的增补、空间设计优化、公共设施的完善、生态环境的建设等方面着手，进行细致化的公共空间更新营造。

1. 增补微型空间

依据群体的使用需求，结合空间的网络结构、人群分布情况补充布置一些满足历史传统节庆仪式、日常活动、休息娱乐、交流观景等需求。一般来说，现代城市居民活动对空间距离依赖的局限性，可以利用各街区内腾退空间、街巷转角空间、地下空间、道路交叉区域等零散的消极空间改造，这是能实现景观优化的重要方式，还可以为不同小空间格局内特征进行功能赋予，打造微型公共空间由此而成。这样不仅能对现状公共空间类型进行查缺补漏，也使得这些小微空间成为居民"日常活动起居室"，满足居民小范围的邻里交往、娱乐游憩等需求，成为街区空间活力恢复的启动点。如拆除街区中废弃民居后的空地，利用可改造的历史建筑场地、工业外迁后遗留下的厂房、仓库用地等再结合本地实际情况来完成新的空间环境设计，既能够为居民休闲活动提供新的满足功能,还可以形成具有城市地方特色的空间环境,突出城市名片价值。

2. 优化空间设计

公共空间的更新根本是为了更好的为使用人群服务,因此公共空间的设计,首先应满足"行为设计",即满足不同群体的活动偏好,调研使用群体的日常生活细节和地方文化特色下的行为习惯,从人的活动类型需求和社交尺度、文化信仰出发,满足民众在公共空间中不同层次的直观体验与精神需求,拒绝死气沉沉的公共空间。其次,因为经济科技文化等多种因素影响,民众的生活状态复杂多变,公共空间的设计应追求"弹性设计",即预留可调整的余地,使设计充满弹性,方便不同时段居民对空间的使用需求或日后空间的改善,如同一空间,早晨可供人们锻炼运动,白天能满足各种交往、休闲购物活动,夜晚可供文艺表演、夜市聚集等活动。最后,公共空间的设计应注重地方文化元素的应用,加强重点意义公共空间的标识性设计,增强空间吸引力和归属感。如在街区及历史建筑入口等重要出入口附近适当开辟一些入口空间,合理点缀景观绿化,增设标志及雕塑,强调街区入口处的门户景观,增强街区入口的引导性及辨识度,提升民众的文化自信,增强民众的地方归属感和认同感。

3. 完善公共设施

鼓楼田字块历史风貌区中公共设施的突出问题表现在环卫设施、污水排放设施、消防安全设施、电力设施等市政设施的匮乏和陈旧;其次公共生活服务设施如休闲健身、文化教育等功能设施的不足,最后是公共空间附属设施的不足。提升鼓楼风貌区的公共空间品质,必须完善以下公共设施:

(1)增设街区垃圾中转站、街巷垃圾收集装置。

(2)重新核对街区的雨污管网,并进行整修改造,杜绝历史遗留导致的雨水和污水管网连接的情况,实现雨污分流。

(3)统一整修街区消防安全设施,实现电力线路的地下敷设。

(4)利用空间节点布置休闲健身空间,社区文化空间,大范围的投入休闲康健设施、游憩设施和设置图书阅览室、艺术空间等满足民众的体育健身、文化交流等要求。

(5)清理街道或胡同内公共空间违章建筑、杂乱堆积物,增添治安岗哨,满足不同活动类型的休憩座椅、花坛、路标指引、夜间照明等附属设施,尤其是街区老龄化和低龄人群偏多，可以利用太阳能投射灯和地埋灯保证夜间街巷的亮化。

三、鼓楼田字块历史风貌区社会空间的复兴策略

（一）平衡经济结构

1. 优化空间商业业态

多元化、差异化的消费群体对街区商业业态的配置需求也有所不同。在鼓楼历史风貌区的商业空间建设中，既要有一些满足高端消费要求的业态，也要结合街区居民的日常生活习惯布置一些便民的经济性业态，同时关注各个年龄段人群的消费需求，避免公共空间的异化。而外来游客多是关注特色住宿、地方餐饮、传统手工艺等体验型商业，可以鼓励开发并引进一些充满本土特色的商业业态，如利用传统民居打造特色民宿，扶持一些地方老字号名特产品，传统手工业，在商业空间中不定期举办一些具有地方特色民俗活动和民间艺术，来满足外来游客的猎奇需求，展示鼓楼的历史文化、审美文化。

通过街区商业空间中高端业态、日常消费业态、地方特色传统业态的有机混合，提升居民生活质量和消费品质的同时，传承地方文化实现消费空间的包容性发展。

2. 空间产业多元化

现今历史街区一般会通过对地方历史的挖掘，采用历史文明古迹为宣传点，积极推广旅游产业升级，并同时增加租房、特色产品营销、酒店餐饮业务等，打造一条龙服务环境。但随着千城一面的开发模式，这种经济模式的吸引力和消费拉动力逐年下滑，投资与收益不成正比，历史街区经济模式亟须转型，探索的街区经济复兴新路径，形成新型产业结构。鼓楼历史风貌区可以利用街区的区位优势，提取优秀的文化基因，通过文化战略嫁接、文化符号植入等模式，推动文化资源能转化为有效文化资本，实现地域特色产业的连带发展，包括：影视传播产业、教育产业、手工制作业、美食加工等，实现产业结构的优化升级。

（二）传承多元文化策略

1. 保护历史文化遗迹

历史街区公共空间是城市历史文化的重要载体。实现鼓楼田字块历史风

貌区公空间文化的包容性更新首要任务是对街区中有形的文化实物的保护，普查街区内具有文化内涵和保护价值的名人故居、公共建筑、建筑构筑物等，梳理空间中的历史文化遗产分布网络，实施保护责任落实到具体个人的承包制。同时重视街区的肌理、界面、空间格局的保护整治工作，设立专项工作小组，横向对接各管理部门，实现对街区风貌的多方位立体化保护工作。

2. 传承城市文脉的活化

历史文化的传承不应仅停留在静态的保护，还应研究城市文脉活化传承的路径，其中最具实践意义的是街区居民生活方式、民俗节庆、传统手工艺、大众艺术等地方特色生活场景的延续。一方面我们需要针对鼓楼历史风貌区中有人居住的破损民居，探索政府索政府扶持和个人出资协作的模式，通过相关技术等手段，按照居民的意愿修缮改造，实现居住空间的改善，避免原住民的大量外迁，保留原住民才能保证地方生活场景的再现；另一方面对于无人居住的民居或可以改造利用的公共建筑，可以采取功能置换的方式使其变成艺术家工作室、民俗博物馆、手工作坊、文创空间、特色民宿等形成具有地方特色的文化展示、交流平台，吸引外来游客同时带动了街区经济的发展，兼顾了空间的人文效益与经济效益，实现了文化传承与经济发展的良性循环。

（三）公众参与治理策略

公共空间的包容性更新注重使用群体多样性需求的满足，这就要求历史街区实行以人为本，自下而上的治理模式，强调多方参与、参与力量均衡的空间治理策略。

建构符合公众要求的城市建设参与机制，主要目的就是将公众作为城市主人，能将其对公共空间的需求、意见、理想，形成一种有力的编制目标，能让各界居民共同参与到城市规划中。这有利于公共空间符合大众利益效果的达成，是体现城市民主建设的重要方式。

（1）保证公众参与的过程化。要实现公众参与机制的完善，实现全民全过程参与制度的确立，能从前期规划阶段开始，就将居民意见作为参考标准，等到中期规划方案初步出台以后，再聆听市民要求进行整改，在后期施工时结合居民意见来监督。具体说来，前期规划时充分调研空间使用群体和价值理念和发展意愿，能让居民真实诉求作为发展基础；中期设计时要确保居民参与到各个设计环节；后期阶段应建立基本的监督制度，实现项目建设实时追踪，为项目建设提供社会监督。这种全过程参与模式能让市民需求得到随时补充，并及时反馈基本的规划方案，实现动态更新目标的达成。

（2）构建多元的参与途径。街区公共空间的更新，对现代社会居民来说，是实现生活多元化的重要前提，如果建立公众参与制度，就是将实际需求设定为设计出发点，能实现途径建设的优化。现代社会参与途径建立手段很多，一般人们常见的公示、广告、听证会等，可以结合多个门户网站，直接利用智能设备来完成随时交流监督。特别是不同规划时期，公众参与程度、意愿各不相同，可以通过多元途径的建设满足各方公众参与需求。通过规划前期仿真效果的公示，让居民了解设计目标和最终目的，这也是能将居民意愿掌握的重要途径，座谈会、家庭走访等是非常重要的方式；到中期规划时，能以采用听证会、评审会的形式，直接让居民到现场或网络直播，采用公示投票的方式广泛收集公民决策意见；后期施工阶段能采用社区座谈会，利用智能设备来完成全方位监督，居民随时随地能观察到建设项目推进实情。这些都是利用现代科技来完成公众参与途径的增加，实现深度、广度的共同推进。

第五章　洛阳与商丘市历史文化街区 旅游街道建设发展

第一节　洛阳市历史文化街区的街道景观设计

以洛阳为中心的河洛地区，是华夏文明的重要发祥地。远在五六十万年以前，洛阳一带就是最适合人类生存的好地方。考古发现，早在 1 万年前的旧石器时代到新石器时代，先民们已在洛阳一带建立了繁荣的母系氏族社会，原始村落当时遍布洛阳各条河流的沿岸。5000 年前，父系氏族公社已经逐步形成，洛阳一带人口稠密，生产发达，先民们在这里创造着光辉灿烂的古代文化。

据史载，商朝自成汤至仲丁共 10 帝，历 230 年，都建都于西亳。盘庚武乙又一次复都西亳，经 9 帝，约历时 170 年。商都西亳 19 帝，长达 400 年。公元前 1046 年，武王伐纣，推翻商王朝，建立了周王朝，史称西周。为控制东方，周公旦开始东营洛邑，又把象征国家政权的"九鼎"迁于洛阳。当时在洛水北岸修建了两座城堡，一曰"王城"（今洛阳王城公园处），一曰"成周城"，又称下都（今洛阳白马寺东），两城相距 30 里，洛邑实际上是西周王朝的陪都，称为"东都"。

秦统一后洛阳为三川郡，吕不韦曾被封文信侯，食十万户于此。西汉时，洛阳为河南郡。刘邦灭秦后，曾初都洛阳。刘秀建立东汉王朝后，建都洛阳。据记载，东汉皇都全城"东西六里十一步，南北九里一百步"，是当时世界上最大的城市。汉灵帝时城外围设"京师八关"，其中函谷关为八关之首。东汉在城南郊，创建了规模空前的国家最高学府——太学，还建起了国家天文观测台——灵台以及明堂、辟雍。当时的洛阳，文化发达，文人多云集于此。

许慎在此著我国第一部字典《说文解字》，班氏兄妹编成我国第一部断代史《汉书》，张衡等在这里创"浑天仪"和"候风地动仪"，蔡伦在此创"蔡侯纸"，华佗创"麻沸散"，王充著《论衡》。经学界更是文人辈出，在此云集，著书立说，形成"今文经学"和"古文经学"之争。汉明帝派人去西域取经，将佛教传入中国，在洛阳建立了中国的第一座佛寺——白马寺和第一座佛塔——齐云塔。洛阳文化呈现出多元并举、百花竞芳的绚烂局面。东汉末年，董卓占洛阳，以袁绍为首的地方军阀讨伐董卓，董卓挟汉献帝西迁，将洛阳宫殿及城市放火烧毁。

220年，曹丕代汉称帝，国号"魏"，将都城由邺城迁至洛阳。265年，司马炎灭魏，国号"晋"，史称西晋，亦都洛阳。在魏晋时期，洛阳又得到恢复和营建，重新繁盛起来。魏晋时期，洛阳文化再度繁荣。到西晋末年"八王之乱"和少数民族与汉族的战争，使洛阳再度毁于战火。

北魏统一北方后，于494年，从平城迁都洛阳，对魏晋时期的洛阳进行了兴建和扩建。北魏在洛阳建都41年，提倡佛教，当时洛阳一地就有佛寺1367所，并开凿了规模宏大的龙门石窟群，因此洛阳有"佛都"之称和"佛寺甲天下"之说。东汉在洛阳建都，历曹魏、东晋、北魏，共300余年，故人们又称洛阳为"汉魏故都"。

隋唐时代，隋炀帝杨广，将都城由长安迁来洛阳，大兴土木，新建皇都，都城分为宫城、皇城、外郭城。隋末魏公李密、郑王王世充也曾在洛阳称帝。618年，李渊建立唐朝，定都长安，将洛阳定为东京。唐高宗、武则天、中宗、玄宗、昭宗、哀帝等都长期居于洛阳。武则天在洛阳称帝时，国号"周"，改洛阳"东都"为"神都"，洛阳人口增至一百余万，是世界上最繁华的都市之一，洛阳成为国际性的贸易都会，是丝绸之路的重要起点之一。安史之乱洛阳因战争曾遭到严重破坏。安禄山、史思明曾据洛阳反唐称帝，不久被灭。公元907年唐王朝覆灭。

宋代，虽都开封，但仍以洛阳为西京，修建有宏大的宫殿，城郭规模基本上保留了隋唐故都的宏伟面貌。在洛阳设立"国子监"，许多名臣逸老、文人学士汇集于此。司马光在这里写了《资治通鉴》，欧阳修编著了《集古录》《新唐书》《新五代史》，理学寒程颢、程颐在这里创立了"洛学"，几千年的河洛文化在北宋再一次出现了辉煌。北宋末年，洛阳屡为战场，公元1127年，金兵攻陷洛阳，洛阳遭遇又一次重大浩劫。

在漫长的历史长河中，洛阳一直是我国政治、经济、文化的中心或中心之一。因此，经学兴于洛，佛学传于洛，道学源于洛，理学（洛学）形成于洛，中华文化学术史上的主流无一不是发源于洛，然后传播四方、传于后世的。自古以来，洛阳就是文人学者、名人志士云集荟萃之地，素有"洛阳富才雄""洛阳出才子""汉魏文章半洛阳"之美誉。苏秦、贾谊、杜甫、李贺、刘禹锡、程颢、程颐等都是当时洛阳区域之人，"建安七子""竹林七贤""金谷二十四友"、李白、杜甫、白居易、李贺及许慎、司马光等无数名人学者都在洛阳写下了千古绝唱、不朽篇章；宋代名相、史学家司马光诗曰："欲知古今兴废事，请君只看洛阳城"。可以说洛阳的历史就是华夏历史的缩影，洛阳古代文化也是中华民族古代文化发展的一个缩影。

洛阳素以风景优美、名胜古迹荟萃而著称于世。这里有世界文化遗产龙门石窟，有佛教传入中国后建立的第一座寺院——白马寺和第一座佛塔——齐云塔；有汉魏洛阳故城、隋唐洛阳东都城址、偃师二里头遗址、偃师尸乡沟商城遗址、关林、汉光武帝陵、唐恭陵、负图寺、灵山寺、上清宫、吕祖庙等名胜古迹和玄奘故里、苏秦故里及墓、李贺故里、二程故里、邵雍故里、王铎故里及拟山园、白居易墓、范仲淹墓、狄仁杰墓、孔子入周问礼处、杜康造酒遗址等名人遗址遗迹。洛阳有世界文化遗产和国家重点风景名胜区1处（龙门）、国家森林公园7处（花果山、白云山、龙峪湾、神灵寨、郁山、玉皇山、天池山）、国家4A级旅游景区5处（龙门、白马寺、关林、龙峪湾、鸡冠洞）和汉光武帝陵、千唐志斋等国家3A级旅游景区7处。洛阳是全国出土文物最多的地区，仅中华人民共和国成立后就出土文物30多万件，在洛阳的各个博物馆中都陈列着大量文物珍品。

洛阳也是世界上古墓葬密度最大的地区，仅在洛阳市中心6000平方米的文化广场，就发现了279座东周墓葬，平均20多平方米就有一座。在洛阳出土的墓志碑刻就有 4000 多块，从汉代到民国，历朝历代，各个时期的都有，可谓一部石刻"二十五史"。令人赞叹，仅这些碑刻墓志，就可建成一座世界仅有的中国艺术馆。如今洛阳已被列入各级重点文物保护单位的名胜古迹就有 800 多处，其中国家级 21 处，省级 53 处。

洛阳还是驰名中外的"牡丹城"。洛阳有着栽培牡丹的悠久历史，始种于隋，繁盛于唐，"甲天下"于宋，振兴于今天。2001 年，洛阳市被评为中国优秀旅游城市。优美的自然风光和悠久的历史文化交相辉映，洛阳已经成为全国 20 个黄金旅游城市之一和海外华人寻根问祖的热点地区之一。

（1）尸乡沟商城遗址，位于偃师市城西南尸乡沟一带的塔庄，北依邙山，南临洛河，西距洛阳汉魏故城约 10 公里，西南距著名的二里头遗址约 6 公里，正处于河洛之间的平原上。这里古代是商汤的都城——西亳。商汤初居南亳（现二里头遗址），为了镇服夏的顽民，扩张西部疆域，乃在夏都南亳北约 6 公里处，另立新城，名为西亳，对此《汉书·地理志》等均有记载。

尸乡沟商代城址是目前我国商代城址中年代最早、规模最大、保存最完整的一座，被称为中国商代第一都。这座商城的大规模发掘，对于我国古代文明和城市的起源、兴起与发展史的研究有重要意义。它不仅可以填补商代早期文化的一个重要缺陷，也可以缩短对夏文化认识的距离，对中华文明是世界上唯一没有中断、一直绵延流传的文明的研究有着重大意义，1988 年已被国务院列为全国重点文物保护单位，2000 年被评为"20 世纪河南十项重大考古发现"之一。

（2）汉魏故城遗址，位于洛阳市东 15 公里偃师和孟津毗连处，北靠邙山，南临洛河，面积 100 平方公里。汉更始三年（25 年），刘秀建立东汉王朝筑此城为都，其后的曹魏、西晋、北魏都在此定都，历时 330 年，重修扩建不衰，废弃于唐初。现存主要遗址有内城城垣、宫城、东周墓地、北魏永宁寺、金墉城、太学、辟雍、明堂、灵台、北魏洛阳大市、白马寺遗址、租场、牛马市遗址、东汉刑徒墓地、东汉墓园、外郭城城垣基遗址等，是我国所有都城遗址中历代定都时间最长、规模最大且保存较为完整的古代都城遗址，具有非常重要的历史价值、文物价值和科研价值，1961 年被国务院列为第一批全国重点文物保护单位。

（3）隋唐故城遗址，位于洛阳市区偏东，南对龙门，北依邙山，东逾瀍水，西至涧河,洛水横贯其间。隋唐故城创建于隋大业元年（605年),隋都15年,唐都40余年,五代后唐都13年。城址分外郭、宫城、皇城、东城、含嘉仓城、圆壁城和曜仪城,规模宏大,布局有序,已被国务院列为全国重点文物保护单位。

（4）都城博物馆,位于洛阳市定鼎南路的周公庙内,占地70亩,重点对夏都斟那、商都西亳、东周王城、汉魏都城、隋唐东都城等五座都城遗址进行缩影展出。在邙山和洛河之间东自偃师城,西至涧河30多公里的范围内一字排列了五座都城遗址,这就是举世罕见的都城遗址队列奇观。其文化内涵深厚,价值无可估量。它们既是洛阳都城的历史见证,也是中国社会发展史、古代文明史、都市建设史的缩影。周公庙相传为当年周公定鼎之处,大约建于明代以前,明万历、清康熙年间仍按旧制重修,大殿保存完整。现政府拨款,对周公庙进行整修,并抓住洛阳的历史特征,分正南、西南、正北、正东、正西五区进行建设。现已被国务院列为全国重点文物保护单位。

（5）商城博物馆,位于偃师市城内。偃师素有"九朝古都半在偃"之说,是夏、商、周、东汉、曹魏、西晋、魏等朝代的建都之地,古遗址、古建筑、古墓葬、碑碣、石刻等比比皆是,地上、地下有着极其丰富的文物。商城博物馆是一座以夏商文化研究、陈列、宣传为主要内容的博物馆,整体建筑以商城四号宫殿为模式,古雅朴实。商城博物馆分夏、商文化,历代珍品,馆藏石刻、造像等三个展厅。

（6）古墓博物馆,位于洛阳市北郊邙山冢头村。这里搬迁复原自汉至宋代的典型墓葬25座。墓内的大量壁画,笔法细腻,具有很高艺术价值。各个墓室内陈列的文物都是按原来的位置放人的,均系珍品。它集历代古墓之精华,是我国第一座专题性的古墓博物馆,在世界上也是绝无仅有的。博物馆分地上、地下两部分。地上部分是一组三进院落的仿东汉宫廷建筑群,中轴线上有汉白玉石门阙、馆表、序墓大殿、四角楼和望景楼等。序墓大殿叫太虚殿,殿前左右两侧各有一对复制的汉代天禄、避邪,两侧有配殿,其间有游廊连接。

地下部分是一个正方形的陈列建筑,正方形的四条边就是四条墓道,连接每条边的角就是四个大厅,分别为两汉厅、魏晋厅、唐宋厅和休息厅。四厅之间有通道相连,通道两侧便是复原的历代古墓葬群,可谓一处令人神往的太虚迷宫。

（7）龙门石窟，位于洛阳市南12.5公里处的龙门山和香山，香山位于伊河之东，故又名东山；龙门山位于伊河之西，故又称西山。两山东西对峙，伊河从中纵穿，望之如阙，古称"伊阙"；两山石壁峭立如门，又处于隋唐帝都之南，故又叫"龙门"。

龙门以山水取胜，更以石窟流芳。这里佛寺座座衬松柏，栈道条条连亭阁，佛龛砖塔，雕像满山。自北魏孝文帝太和十二年（488年）始，经东魏、西魏、北齐、北周、隋唐、五代、北宋和金，直至清末，在长达千余年间，历代在南北长约1公里的伊河两岸上，营建的大大小小佛龛，犹似蜂窝一般。现东西两山共存佛龛2345个，造像近11万躯，佛塔70多座，碑刻题记2800余块，是中国规模最大的石刻艺术宝库，与敦煌莫高窟、大同云冈石窟合称"中国佛教艺术三大宝库"。龙门石窟由于魏、唐两代皇室的参与而形成了龙门石窟皇家风范的重要特色，成为研究中国古代历史和艺术的宝贵资料，1961年被列入第一批全国重点文物保护单位，1982年又被列入第一批国家重点风景名胜区，2000年被联合国教科文组织世界遗产委员会以文化遗产列入《世界遗产名录》，2002年又被评为"中国旅游知名品牌"。2020年中国世界文化遗产年会暨世界文化遗产城市市长论坛荣获2019年遗产保护管理工作5星等级。

龙门西山上主要有潜溪寺、宾阳洞、摩崖三佛龛、观浪亭、万佛洞、双窟、莲花洞、魏字窟、唐字窟、奉先寺、古阳洞、药方洞、皇甫公窟等；东山上主要有擂鼓台三洞、香山寺、看经寺、万佛沟、观音像龛、千手千眼观音龛等。游客漫步其间，如游历在巨大的博物馆中，可一览北魏至唐宋的历史、文化、雕刻、绘画、建筑、服饰、乐舞、医药、书法及民俗，美景佳境令人过目不忘。

（8）黛眉山世界地质公园，黛眉山位于新安县的略里乡，海拔1346.6米，它四壁如削，奇崖怪石，千姿百态，翠峰如黛，雄伟壮观。山势沿黄河南岸呈东西走向，干支错综，绵延数十里，主峰陡峭挺拔，有盘山危道可以攀登。黛眉山山顶开阔平坦，是千余亩的天然草场。长达23公里的黛眉大峡谷被誉为北方第一大峡谷，两岸险峰峭壁，谷底怪石嶙峋。这里有神马门、仙人榻、葫芦谷、招魂潭、断肠谷、鬼门关、宝瓶谷、水磨坪、天鹅谷、拇指山、神仙峡、金灯飞瀑等景观，其险百出。2006年联合国教科文组织已将黛眉山列为世界地质公园。

（9）黄河小浪底风景区，黄河小浪底风景区是依托国家大型重点水利枢纽工程——黄河小浪底水库形成的。鉴于黄河小浪底在世界上的唯一性以及丰富独特的旅游资源和巨大的发展潜力，在中国中部地区极具代表性，在亚太旅游联合会、国际旅游协会、世界华侨华人旅游合作组织等联合主办的"2006 中国旅游胜地品牌推广峰会"上，小浪底风景区被授予"中国最具吸引力的地方"。

第二节　商丘市历史文化街区的街道风貌保护对策

一、商丘市的历史沿革与人文景观

商丘位于河南省东部，地处黄河故道南侧的豫东平原，是苏、豫、鲁、皖四省交界处，是豫东门户、中州锁钥、江淮屏障。其地理位置十分优越，历来为兵家必争之地，泓水之战、睢阳之战以及睢杞战役、淮海战役等数以千计的大小战争均在此展开。

商丘市为省辖市，总面积 1.07 万平方公里，总人口 838 万。商丘春秋时为宋国国都，西汉为梁国、后唐为归德府、北宋为应天府，市南的商丘古城，是一座保存完好的"归德古城"。

商丘历史悠久，被国务院列为第二批全国历史文化名城。远在新石器时代，这里就有人类活动的遗迹，考古工作者在这一带发现了多处仰韶文化、龙山文化和殷商文化遗存。

（一）商丘市的历史沿革

商丘曾为上古帝王之都。约在公元前 24 世纪，黄帝的孙子颛顼就建都于商丘，黄帝的曾孙高辛氏帝喾也在此建都。传说，帝喾有一个妃子叫简狄，因出外洗澡捡食玄鸟卵而怀孕生下契，契因辅佐大禹治水有功，被帝舜封于商，赐姓子氏。《诗经·商颂·玄鸟》中有"天命玄鸟，降而生商"的诗句，这说明契是商族人的始祖，因契封在商丘，商丘就是商族的发祥地。

商丘一带地势低洼，遍布湖泊，且地近黄河，屡受洪水之害，遂择丘（小土山）而居，因此地为商族部落聚居地，故名商丘。商丘二字的含义就是"居住在丘岗之上的子姓氏族（商族）的聚居地"。

商丘还是商业贸易的发源地。商祖契的六世孙王亥继契封于商，他发明了牛车，商民便驾着牛车赶着牛羊到各国交换货物。因为是商族人率先进行商品交换的，于是人们便把从事贸易的行业称为"商业"，把从事贸易的人称为"商人"。

在夏朝统治时期，商族只是夏朝在东方的一个附庸，商丘只是商部落的聚居地。从契以后，传14世至成汤，商族人在成汤的率领下，推翻了夏朝，建立了商朝，"商"便由部落方国名成为王朝国号。商初，商丘作为国都，经济十分繁荣。成汤将夏禹铸之九鼎搬至商都，作为商的国宝。同时，商自己铸造青铜器的技艺也日益发达，铸造了无数精美的青铜器，以至青铜成为商代器物的重要标志。同时，四方朝贡的东西也送来商都，一时，商都会天下奇珍异宝于一地，显示出繁荣景象。

周武王灭商后，封商纣王的庶兄微子启于此，是为宋国。商丘为宋国国都，孔子周游列国曾多次到此。公元前221年秦统一中国，划全国为36郡，商丘属砀郡，称睢阳县。汉初，刘邦改砀郡为梁国，封梁孝王于商。梁孝王在此建都，大规模营建城垣。还在商丘周围兴建了方圆三百里的梁园，建了37座宫室花囿，因而商丘亦有梁园、梁苑之称。

魏晋南北朝初，商丘仍为梁国，称睢阳，北魏改梁国为梁郡。公元529年，北魏时期北海王元颢称帝登皇位，这里为帝都（仅一年时间）。隋唐在这里置宋州，五代时称宣武军，后唐改称归德军。

后周显德六年（959年），归德军节度使赵匡胤发动"陈桥兵变"，自建王朝，自立为帝。为纪念从归德起兵而得天下，归德为古宋国之地，故定国号为"宋"，建都开封，将归德军改称宋州。宋真宗景德二年（1005年），以太祖由归德节度使受命之故，升宋州为应天府。大中祥符七年（1014年），改应天府为南京，与首都东京开封、西京洛阳、天京大名合称四京，居陪都地位。宋高宗建炎元年（1127年），北宋灭亡，康王赵构逃至南京（商丘），在城南门外的幸山登基称帝，建立了南宋政权，商丘为都城。金朝在此置归德府，元、明、清袭之。

（二）商丘市的历史人文景观

4000 多年的文明史，为商丘留下了灿若繁星的历史人文景观。商丘历史上教育发达，人文荟萃，曾出现过四次文化高潮。

第一次是春秋战国时的宋国，这里是宋国的国都，是周朝文化教育的场所，是墨、道、名三个学派的发祥地，也是儒家学派的重要基地。墨家学派创始人墨翟、道家学派创始人之一庄周、名家学派代表人物惠施都是宋国人。这里是儒家学派的创始人孔子的祖居地，也是孔子周游、讲学、著书、习礼的主要地域。至今留有庄周故里及庄周墓、孔子讲学的文雅台及明清官员和儒生祭孔的大成殿、孔子的祖籍处和他的还乡祠、孔子避雨处夫子山和被困处匡城。

第二次是汉代商丘的梁国鼎盛时期，这里是梁国的都城，梁孝王刘武招延天下名士学者，来此研究经典，撰文作赋，使这里再次出现百家争鸣的局面。司马相如、枚乘、邹阳和名臣大儒贾谊以及经学大师施雠、孟喜、梁丘贺等均在梁国留下许多瑰丽篇章和传世之作。至今商丘留有梁孝王、司马相如、枚乘等人清心养神、颂诗作赋的清泠台、梁孝王建造的三百里梁国遗址三陵台、梁孝王及李太后墓等。

第三次为北宋时期，应天府曹诚兴办私学，后以学入官，成为闻名全国的应天府书院，众学者不远千里而至，为国家培养了不少栋梁之材。范仲淹早年曾就读于应天府书院，以后为书院掌学主教。应天府书院是直属中央的最高学府，是北宋四大书院之一。

第四次为明清之际，归德有府学，各县有县学，乡村有社学，私学遍布城乡，学者之众，著书之丰，诗文之盛，均超过前代。据不完全统计，归德府在明清登进士科举者近 400 人，近 300 人有著作传世。现留有明清学府明伦堂、明末才子侯方域故居壮悔堂等。

商丘古老文化积淀丰厚，被誉为"中原远古文化发祥地上一颗璀璨的明珠"。这里还有中华民族的"火祖"纪念地——炉皇陵，中国最早的天文台——阏伯台，中国商朝第一任相国、烹饪鼻祖伊尹墓，古代巾帼英雄花木兰故里和祠，中国造字鼻祖仓颉墓，中国三皇五帝之一的帝喾之墓及帝喾庙，古宋国第一位国王微子墓以及陈胜墓、汉刘邦斩蛇碑、葵丘会盟台等。目前，商丘有全国重点文物保护单位7处、省级22处、市县级200多处，馆藏文物1万多件。

1. 商丘古城

现在的商丘古城，是1502年黄河泛滥后，于明代复建的归德古城。商丘归德府古城位于商丘市睢阳区，为明正德六年（1511年）所建，因它是按八卦修建的，故又称八卦城。该城外圆内方，城郭呈圆形，周长9公里。内城呈方形，周长4355米，城内面积1.13平方公里；城墙高6.6米，垛高1.6米。外圆内方有三层含义：一是天圆地方；二是讲阴阳合气，外圆为阳，内方为阴；三是外圆内方形如古铜钱，有招财进宝之象，也就是说，这是一块风水宝地。归德古城，有迄今保存较完好的古城墙，其护城河、城郭、内城基本完好，是我国现存较为完好的四座古城之一，已被列为全国重点文物保护单位。

商丘古城旅游区保存有较为完整的明代砖砌城墙，城内井字形的街道、古色民居基本上保持着明清时的格局与风貌。城内共有93条街道，街长多为200米，形成了一块块方形建筑群。有古式四合院54处，保存尚好的有20余处，街道店铺10余处，祠堂庙宇数处。明清时代这里出现过"复社"四公子、五尚书、雪苑六子等，孔尚任的文学名著《桃花扇》中的"中州才子"侯方域就出生在这里。现古城内有古城北门楼、壮悔堂、大成殿、明伦堂、明清四合院、明清一条街、雪苑诗社、中原局扩大会议旧址等景点。

城湖旅游区是将3.5米宽的护城河水域向外扩宽，外为环城一周的护城大堤。堤顶为环城路，古城四角外形成四个湖面，最大的为西南湖，四湖总面积达万余亩。湖中数岛突起，散布有蠡台、女郎台、雀台、应天府书院、十二新亭等，湖岸上建有商祖苑、张巡祠、八关斋等，众多的名胜古迹像颗颗宝石镶嵌在城湖周围。

李口集游览区位于商丘古城南的李口集村。有三座祠堂一字形并列坐落在东街上，分别是明代燕王朱棣手下武将李德及其后代所建的永思堂、奉思堂、授思堂。村南有商代文化遗存降龙垌堆遗址和降龙垌堆庙，再向南有帝喾陵、帝喾庙和高辛遗址等。

2. 燧皇陵

燧皇陵坐落在商丘古城西南1.5公里处。燧皇是传说中"三皇"（燧人氏、伏羲氏、神农氏）之一的燧人氏。他发明钻木取火，教人们吃熟食，是中华民族的"火祖"。他结束了人类茹毛饮血时代，开创了人类文明的新纪元，被誉为"燧皇"。

燧皇陵建于何时已无可考，原有大殿、东西厢房、石像生等，古柏参天，后毁于战火，只留碑楼一座和石碑一通。1992年重修，新陵园有陵门三楹，红墙金瓦。进入陵门便是悠长的神道，两侧分布着龙、凤、麒麟等雕像。陵园中央是高大的墓冢，高10米，直径4米。墓前有燧人氏石雕像一尊和"燧人氏陵"石碑一通。1992年国际旅游观光年"黄河之旅"首游式点火仪式曾在这里举行，同年7月，河南省第七届青年运动会又在此取了"圣火"。

3. 张巡祠

张巡祠坐落在商丘市睢阳区商丘古城南门外，是为纪念"安史之乱"中因保卫睢阳而殉难的张巡、许远等人所建。

商丘古城坐落在睢水北岸，又称睢阳。唐天宝十四年（755年），平卢、范阳、河东三镇节度使安禄山在范阳起兵作乱，他占领洛阳后称帝，破潼关，直取长安。叛军所至遍施残暴，各地军民纷起反抗。肃宗至德二年（757年），安禄山的儿子安庆绪杀掉安禄山，为了夺取唐王朝的江山，派重兵13万夺取睢阳城。睢阳太守许远自知不如张巡，主动让贤。张巡受命于危难之时，以6800名疲惫将士抵御13万围城大军，在外无援兵、内无粮草的情况下，指挥了这场惊天地、泣鬼神的睢阳守卫战。粮食吃尽了捕鼠罗雀；老鼠、麻雀吃光了就吃草纸、树皮……张巡派大将南霁云去临淮搬兵。河南节度使不肯发兵，却爱南霁云这员虎将，设宴待之。南霁云说："我离开睢阳城时，城内军民已有月余没有见一粒粮食，现在虽有美味，但我不忍独食。"于是拔剑削掉一个指头，"我吃这个已足矣！"在场的将官无不痛哭流涕。

张巡率全城军民，同仇敌忾，与敌人进行了殊死的拼杀，守城10个月，历大小数百战，围城叛军由13万增至15万，最后被张巡消灭得只剩下1万多人，而守城将士只剩下500人，然人知必死，莫有叛者。后终因寡不敌众，城破，张巡骂贼而死，许远等壮烈牺牲。三日后，援军至，历七日睢阳收复，张巡尸体已无法辨认，只好招魂而葬之。张巡、许远睢阳保卫战，为平息叛乱、匡复唐室、使江淮黎民免遭其难，立下了不朽功勋。

因张巡当年扼守睢阳，使江、浙、闽一带免遭兵火之祸，故东南沿海百姓敬奉张巡为"张王爷"。当时就有有识之士评论张巡、许远守睢阳：无睢阳即无江淮，无睢阳即无大唐。可见张巡、许远守睢阳的战略意义。台湾同胞的祖先大都在江淮一带，由于张巡守住了睢阳，保障了江淮，所以他们对张巡无限敬仰，现在台湾有张巡庙宇 2000 余座。近年来，台湾已多次组团来商丘祭祀张巡等人。

为了满足海内外人士怀念、祭祀张巡的心愿，商丘市在张巡殉难处重建了张巡祠。张巡祠占地面积 4.07 万平方米，南北长 370 米，东西宽 110 米，自南向北依次为广场区、建筑区和墓葬园区三部分。广场区有石牌坊和停车场；建筑区有过厅、门楼、东西配房和大殿，大殿面阔 7 间，进深 3 间，琉璃瓦覆顶，为仿唐重檐歇山建筑；墓葬园林区北端为直径 20 米的墓冢，由青石围成，墓前立巨型墓碑，墓周植松柏花卉，墓阴有石雕百龙亭一座，亭内有明天启年间六忠祠石碑一通。整个张巡祠宏伟壮观，庄严肃穆。

4. 壮悔堂

壮悔堂位于睢阳区商丘古城刘家隅首东一街，是一座前出后包、明三暗五、坐北向南的两层楼房，是明末著名文学家、《桃花扇》主人翁侯方域幼年读书处。明末清初，社会动荡，侯方域与李香君逃出南京，居住于此。李香君为南京秦淮歌妓八艳之一。侯方域为"南明四公子"和"雪苑六子"之一，著述颇丰。今有《壮悔堂文集》《四忆堂诗集》传世，在中国近代文学史上有一定影响。他在南京时，与秦淮名妓李香君结婚，清朝著名剧作家孔尚任在《桃花扇》中描写了他俩生死缠绵的爱情故事。

壮悔堂现存主楼和过厅及主楼东侧翡翠楼。主楼为面阔五间的二层楼。过厅面阔五间，砖木结构，硬山式建筑。修复后的壮悔堂再现了旧日的风貌。

5. 三陵台

三陵台位于商丘古城东北 9 公里处，因西周宋、戴、孔三公王陵相峙鼎立于高数丈的台地上，故名。现陵前有宋氏宗祠、牌坊、石人、石马、石羊等，神道两侧及台周有古柏 400 余棵，参天挺拔，遮天蔽日，是河南省重点文物保护单位。

二、商丘市历史文化街区的街道风貌保护

（一）商丘市历史文化街区保护的重要性

历史文化名城由众多历史文化街区为基本元素所构成，而历史文化街区

又由众多历史建筑为基本元素所构成，它们之间所存在的关系，决定了历史文化街区、历史建筑对于历史文化名城的重要性。特别是 2008 年国家强调了历史文化街区保护的重要性，使原本与历史文化名镇处于同等地位的历史文化街区成为古城保护的重中之重。

根据古城所处的不同地理位置，城市的经济发达程度等不同的历史文化名城应该有不同的发展方向和保护模式。一些在历史上保存较为完整的历史文化名城，如山西平遥、云南丽江等古城采用了整体保护的策略。虽然整个实施过程较为烦琐和复杂，但是得到的效果却是喜人的，其已经成为世界自然历史文化的宝贵遗产。然而对于商丘古城来说，整体保护似乎并不现实，所以寻求自己的发展方向便显得尤为重要。

从目前商丘古城的现状来看，采用整体保护的发展模式较为困难，会耗费大量的人力、物力和财力，而结果的好坏也犹未可知，所以对于历史文化街区的重点保护便显得尤为重要。

此外，从城市发展的角度来说，任何一个城市的发展和现代化进程都无法离开其基础和土壤。商丘古城是在时间长河中所遗留下的宝贵的自然和文化遗产，历史文化街区是商丘古城复兴之关键，而商丘古城的复兴也势必在商丘这座有着悠久历史的城市的发展中起到巨大的、积极的推动作用。

（二）商丘市历史文化街区保护的思考与探索

1. 保持古城肌理以及历史风貌的完整性

不同的街区有着不同的肌理，无论是"方九里，旁三门"的匠人营国之法，还是安徽渔梁古村落所形成的如鱼骨般的自然街区肌理，都是历史和文化所留下的重要延续。对于商丘古城内历史文化街区的保护便是对古城肌理的保护。如古城内的中山南北大街、大隅首街、小隅首街等对于整个古城肌理的保持如人的脊骨般具有极其重要的作用，是古城的整体框架，亦是古城的灵魂所在。

对于历史文化街区的保护，不仅要注意核心区域的保护，还要划定一定的建设控制区域，只有这样才能够最大限度地保留街区的历史风貌。任何事物脱离其原来所处的环境，都会失去其本身存在的价值和意义，这一点对于历史文化街区保护来说更是非常重要的。大拆大建的模式无论如何坚持"修旧如旧"的原则，都会严重破坏历史文化街区以及古城肌理，使其失去原有的历史文化价值。"皮之不存，毛将焉附"，人造的景观以及大修大建的古建筑虽然看起来更为光鲜，可是其价值已经大打折扣。

2. 重视节点的关键作用

如果说历史文化街区的保护是历史文化名城的保护重点，那么对于街区中节点的保护则是历史文化街区的保护重点。以中山大街为例，两侧有众多名胜古迹，并有多座历史建筑,这些古迹和建筑可谓是见证了整个古城的兴衰；再比如中山大街与大隅首街的交汇处所形成的十字交叉口，自古以来便是古城内的关键节点。

虽然无法复原当初完整的繁华景象，但是从四周的古建筑形式我们不难看出商丘古城当时的风采。因此，在现时的保护和修复中应该成为重点。

3. 注重街道界面的修复

并不是有了古建筑的外在形式古城就能够复原，古城可以建造古建筑，其他地方同样可以。真正使其与众不同的是历史文化赋予的灵魂。当我们漫步古城之中，看到的不仅是古建筑，更是时间和历史在它们身上留下的痕迹。

（1）道路界面。道路作为街区的基底，是一切活动的基础，因此显得尤为重要。如中山大街采用青石板铺砌,铺砌方式为横向铺砌,青石板材质较硬，也较为耐磨，取材方便且较易于清洁，满足了作为一个主要商业街道的需求。此外，整齐铺筑的青石板会给人在心理上产生一种导向感，也会给人一种与水泥路面和沥青路面所不同的历史感。

（2）建筑界面。中山大街沿街商铺建筑多数为两层，一层层高 4.5m，另一层层高 3.9m，檐口高度在 5 ~ 9m，建筑多为古建筑风格。随着时间的不断推移，古建筑中也出现了一些现代的装饰。

建筑立面按传统的三段式构图设计，台基部分不明显，无外廊，窗户为加玻璃的槛窗。屋顶形式为硬山顶，少数为悬山顶。街道两侧建筑物主要形成于明清或民国时期，以木结构为主，有较为精细的木雕、石雕等。此外，中山大街的比例与尺度也相当重要，如果在修复和保护的过程中改变了尺度，也会极大影响古城所传承的韵味。

（3）仰视界面。很多人觉得仰视看到的就是天空。这句话其实也没有太多的问题，只是随着现代社会的发展，越来越多的人忽视了天空的变化。以前我们仰视看到的只有蓝天白云，而现在却多了纵横交错的电线光缆，破坏了整体的历史氛围。一些保护比较好的古城都将电线光缆埋于地下，这种细节的处理也是对仰视界面的一种很好的保护。

以上对于商丘古城街区保护进行了分析、探讨及整理，有助于比较深刻和全面地把握街区保护的重点以及方向，为商丘古城街区的保护提供了一定的理论依据。商丘古城从历史地位和经济发展上来说与北京、西安、开封等城市无法相提并论，整体保护的原则对于古城并不适用，也没有这样的环境和经济条件，因此抓住街区保护就是抓住了古城保护的重点，也是古城复兴的关键。虽然商丘市人民政府颁布了各种各样的法规和规划以辅助商丘古城的保护与发展，但是也要切记不能盲从于专家的意见，要结合当下环境、城内居民的意见等进行多方面综合考虑，以确保万无一失。

第六章 历史文化街区的多元化体系构建

第一节 历史文化街区的价值评估体系构建

一、历史文化街区价值评估的基础理论

（一）历史文化街区——评估对象

1. 历史街区的概念界定

根据《文物保护法》，历史文化名城、历史文化街区、文物保护单位三个层级共同构筑了国内不可移动文物的法定保护体系。历史文化名城、历史文化街区、历史建筑、文物保护单位这四个概念在划定范围内依次递减。

（1）"历史文化街区"。历史街区（Historic Districts）是指在城市（或村镇）历史文化中占有重要地位，代表城市文脉发展、承载城市历史记忆和反映城市特色的地区。

1976年，联合国教科文组织大会在华沙通过了《内罗毕建议》。在世界文物遗产保护的重要文件中，第一次明确提出了保护并激活历史街区，并揭示了历史街区在社会、历史和使用方面的普遍价值：历史地区是各地人类日常环境的组成部分，他们代表着形成其过去的生动见证，提供了与社会多样化相对应所需的生活背景的多样化，并且基于以上各点，他们获得了自身价值，

又得到了人性的一面。当存在建筑技术和建筑形式的日益普遍化所能造成整个世界的环境单一化的危险时，保护历史地区能对维护和发展每个国家的文化和社会价值作出突出贡献。

1987 年，"国际古建遗址理事会"通过了《华盛顿宪章》，全称为"保护城镇历史地区的国际宪章"，主要内容是城镇历史街区的保护。《华盛顿宪章》中，"历史街区"指的是城镇的古老中心区或其他保存着历史风貌的地区。它们体现了城镇传统文化的价值。文件列举了"历史街区"中应该保护的五项内容：①街区的整体形态以及街道的格局；②建筑、植被、广场三者的空间关系；③历史建筑的内部构造和外部面貌，包括高度体量、建造样式、材料等；④街区与周边自然环境以及人工环境的联系；⑤街区在历史上的突出贡献和功能。

中国正式提出历史街区的保护是在 1986 年。并在 2002 年 10 月修订后的《中华人民共和国文物保护法》中，正式将历史街区列入不可移动文物范畴。文件中详细描述了历史文化街区的定义：保护文物特别丰富并且具有重大历史价值或者革命意义的城镇、街道、村庄，并由省、自治区、直辖市人民政府核定公布为历史文化街区、村镇，并报国务院备案。

"历史街区""历史文化街区"的含义是相通的，许多学者更多地运用"历史街区"作为研究对象。

（2）"历史文化名城"。第一次提及"历史文化名城"是在 1982 年。当时为了应对高速发展的城市建设趋势，保护见证着我国重要历史时期变化和发展的重要城市和文化遗产。《文物保护法》将历史文化名城定义为经国务院批准公布的保存文物特别丰富并且具有重大历史价值或者革命纪念意义的城市。可见，国家对历史文化名城的评定具有较高的评估标准。其历史地位、现有遗存、传统风貌、建设品质均是重要的衡量标准。

从 1982 年起至 2021 年 3 月 12 日 24 时，全国范围内经国务院批复的国家历史文化名城共 137 处，分布在我国 31 个省区和直辖市的 137 座城市之中。137 座文化名城按省域分布，最多的是江苏，有 13 个。山东与浙江拥有 10 个排名次之。

（3）"文物保护单位"。《文物保护法》中将文物保护单位定义为经县以上人民政府核定公布应予重点保护的文物古迹，分为全国重点文物保护单位、省级文物保护单位、市县级文物保护单位三个级别。

（4）"历史建筑"。在国内人力物力资源有限的情况下，文物保护单位的评定更关注于建造年代以及重要历史人物或事件的关联，而忽视了很多具有文化、艺术和研究价值的传统建筑。历史建筑定义为经城市、县人民政府确定公布的具有一定保护价值，能够反映历史风貌和地方特色，未公布为文物保护单位，也未登记为不可移动文物的建筑物、构筑物。历史建筑包含并扩大了原有的文物保护单位的保护范围。

2. 历史街区的分类与核定标准

（1）历史街区分类。历史街区可以分为以下三类：

第一，自古代某时期起，历史风貌较完整地保留下来的历史街区，如北京国子监街，肇庆府城等。

第二，具有鲜明的地方特色的历史街区，如桐乡市乌镇古街。

第三，具有因历史原因而带来的外国或混合式风格的历史街区，如广州沙面历史街区。

（2）历史街区核定标准。不管处于不一样的地域环境或诞生于不同历史背景，历史街区的核定必须满足三个标准，即：历史真实性、生活真实性与风貌完整性。

第一，历史真实性。历史街区内应保存有一定数量和比例的记载历史信息的真实的物质实体，如历史建筑、牌坊等，它们是街区整体氛围的主导因素。传统街区的整体风貌、历史氛围通过这些物质形态载体得以展现。因此，具有一定规模的真实历史遗存是历史街区核定的首要标准。

第二，生活真实性。生活真实性是指历史街区不仅是不同历史时期人们定居和繁衍后代的地方，同时也像城市的其他区域一样，是承载当今人们生活需求的场所，是现代社会生活中自然而有机的组成部分。

第三，风貌完整性。风貌完整性意味着历史街区内视野所及范围的建筑风貌基本一致。历史街区的建筑风格应协调一致，建筑高度整体相近，建设行为应得到控制。另外，街区的具有适中的规模，使风貌维护力度更加集中有效，风貌完整性得到更充分的维护。

3. 国外历史街区发展概况

西方国家在旧城改造与更新过程中也曾经历过消极保护的阶段。在20

世纪初，英国为清除杂乱的贫民窟以及开展内城复兴运动，对旧城采取了拆除重建的方法。到了二战以后，欧洲许多国家的住宅由于受到战争的破坏而使市民的居所供应紧张，所以开展了以大规模改造为主的"城市更新"运动。其采取的主要手段是，将被战争破坏的建筑以及周边连片的老建筑进行大面积的拆除，并建造许多风格迥异的具有多种象征主义的高楼。

西方各国又一次迅猛发展是在 20 世纪 50 至 60 年代，这段时期对城市土地的需求不断高涨，从而导致大规模的城市土地开发，其情形与我国当今的发展类似，当时西方国家采取的是大范围改造为主的"城市更新"运动。大规模改造以利益至上为价值观导向，忽略和摧毁了城市中存在的诸多珍贵的物质文化遗产，导致了城市宜人环境和尺度的丧失。"城市更新"运动随后受到了社会上不同群体的批评。批评者认为，大规模改造所用的统一形体规划否定了城市文化价值，并削弱了城市的社交活力。经过不断批评与反思，从 70 年代开始，内容与形式单一的大规模改造计划逐步退出历史舞台。珍贵历史遗产受到城市越来越多的重视与保护。

（1）全民价值认同。意大利对历史城区、历史建筑及历史环境的保护已成为全民意识。虽然，严格的保护给市民带来了如交通堵塞等诸多不便，但市民依然支持并接受古建筑的保护措施，并对旧区的开发新建提出建议和参与监督。这使得意大利对文物保护取得了很大成功。

（2）原真性保护重视，百年情景重现。2014 年，伦敦博物馆推出一款手机应用，它可以通过定位和博物馆的资料相结合，让市民在街道上体验 19 世纪和 20 世纪的旧时伦敦景色。范围覆盖伦敦大部分城区，使用者可将其运用在伦敦的大街小巷中，体会着伦敦在一两百年的时间里的变化。伦敦百年前的历史信息和历史场景依旧保存完好，并为市民所熟悉和感知，其历史保护程度可见一斑。

（3）整体风貌持续维护。欧洲城市在对私有产权的古建筑的维护有严格的规定，严禁私人业主对建筑进行外立面和内部结构等毁坏，并且应该积极对其进行修复和维护，对于未修复古建筑的业主进行罚款等不同程度的惩罚。因此街道上每一栋历史悠久的建筑总会隔一段时间修复一次，街区的整体风貌得到维护，城市的魅力也随之增加。而对于城市发展高强度的建设需求，城市管理者会在老城区之外另外开辟一个地区用来建设新城，以缓解老城的压力和避免对其风貌的破坏。如巴黎的拉德方斯，拉德芳斯本是巴黎郊外的一片荒野。在不到五十年的时间里，迅速崛起成为世界著名的现代商务区。拉德方斯是巴黎历史古迹延长线上的端点。巴黎中轴线串联了老城区的卢浮宫、凯旋门，以及新城区拉德方斯的大拱门。拉德芳斯的建造不仅保护了巴黎原有的历史文化遗产，并且在一片空地上建设，让新城能完全释放高强度高容量的建设需求，是保护与发展的双赢楷模。

（二）历史文化街区的形态

1. 街区形态的解构方法

"城市形态（urban morphology）"这一概念可以高度概括和表达城市的物质形式及其人文内涵。同样的，历史街区的形态是历史街区物质形式和社会文化价值的浓缩，是城市中的人们接触街区的客观载体，是人们感知街区价值的基础。城市意象是现代城市空间形态与结构研究的重要方法。城市意象是指居民受到周边环境的影响，运用自身经验对周边空间产生直接或间接的认知。城市意象是人的大脑通过想象可以回忆出来的城市印象，也是居民头脑中的主观环境空间。

城市意象针对城市空间形态的研究，将内容归纳为五种元素——路径、边界、区域、节点和标志物。

（1）区域（district）：也被翻译为"街区"，是指观察者可以在市区内任意出入其中，以及拥有相近特征的大范围区域。这类区域一般包含突出的特征。可从文化、特色、空间、形态、细节、活动等多方面对这个特征进行突出。这些表征特性通过观察者运用经验对其加工和叠合，就形成了观察者对区域个性的感知。

（2）路径（path）：路径是指观察者经常或时常穿过的途径。如街巷、道路、河流、铁路等。路径是形成个人意象感知的关键。路径的连续性和空间形态对观察者的意象形成有重要联系。

（3）节点（node）：观察者能够由此进入某一片区域的点称为节点，也是不同路径往来的交汇点。节点具有连接和集中两种特征。节点和路径的概念相互关联，道路的汇聚和交叉点称为"公共空间"。

（4）标志物（landmark）：标志物是另一类型的点状参照物。通常是一个明显的有形物体，可以使人在很远的地方就能看得见，并被区域内的人们所认同，形成一个环状区域内的参照物，如建筑、构筑物等。

（5）边界（edge）：边界是线性要素。它是两个部分的相接线和分界线，比如海岸、城墙、绿带等。这些边界可以将区域之间区分开来，也可能是形成过渡或接缝。沿线的两个区域相互关联，相互衔接。

这五种要素对于解构城市的空间形态具有重要意义。五种要素相互组织联系拼合而成的城市意象具有独特性、唯一性、标志性。城市意象除了被用在客观环境对人的感知研究外，还经常用于评估性指标体系的研究。历史街区作为城市中最易被人们感知和识别的区域之一，其空间形态的构成将运用城市意象五要素进行解析，这对于历史街区整体空间形态的价值评估具有重要意义。

2. 街区形态的构成要素

运用城市意象的解构方法对街区进行研究分析，将街区形态可分解为以下五项构成要素：

（1）区域——整体形态。历史街区并不是城市中独立的片区，而是与周边的城市片区和自然环境相互依托、相互联系，历史街区的整体空间格局包含两个层面：一方面是历史街区与周边城市形态与自然环境的空间联系；另一方面是历史街区的整体风貌。历史街区产生的年代久远，一般情况下街区位于城市的老城区，是城市的发源地。古代城市在选址的时候，特别注重与周边自然环境的融合，依山傍水是最常见的城市选址，这样的聚集地具备军事防御能力高、交通便利、生活舒适、土地肥沃等优势，因此历史街区的空间布局一般与自然山水的结合较紧密，与山、水存在着轴线串联、视线联系、步行空间可达等不同程度的呼应。

历史街区的整体形态一般具有特色鲜明、风格统一的特点。街区的整体风貌具有某一历史时期的传统风貌或者鲜明民族特色，具有较强的识别性。

（2）路径——街巷系统。历史街区的肌理主要由街巷构成，街巷的密度和街坊中建筑体量的组合方式直接反映了街区的肌理。街巷空间体系的延续同时对肌理起到组织和驾驭作用。

在历史街区中，街巷除了作为体现街区形态风貌的主要要素，同时也是街区中重要的活力呈现，是居民社会生活状态、社会交往场景的承载。主要街道的功能以商业为主，杂货店、菜市场等与居民日常生活息息相关的店铺都布局其中，居民在街上除了进行日常物品的添购之外，还积极地与人对话交谈。南方许多小镇沿街房子的门窗大敞，住户时常在路边沿街而坐，与来往的人亲切聊天，使得街巷空间成为热闹活跃的公共交往空间。历史街巷空间的延续同时也是原有社会网络和生活网络的延续。

（3）节点——公共空间。历史街区内除了有以连续行进和动态观赏为特征的街巷空间外，同时还有不同空间交接转换、供人驻足停留的节点，即公共空间。街区中的公共空间通常指广场、公园绿地、街巷交接的放大空间等，公共空间的尺度和空间围合方式不一，即可容纳少数人交流，也可供群众进行聚会和进行娱乐活动。历史街区中的重要公共空间一般分布在河流等自然环境的一侧开阔场地，或者是重要建筑前的广场，每当传统节日来临时，居民便会聚集在重要的公共空间举办盛大的民俗活动，如舞龙舞狮、龙舟表演等，公共空间成为各地方、各街区凝聚力的承载，对于街区来说具有重要意义。

（4）标志物——重要建筑。建筑是构成历史街区的基本形态要素，而文物保护单位则是街区形态要素中的重要标志物，是体现历史文化价值的直接反映，也是重要的焦点聚集。由于历史街区所处的气候、文化、经济、地理等条件各异，同时受到不同地域及文化特征的影响，造就了风格各异、特色鲜明的历史建筑，如北京紫禁城、南京中山陵、敦煌莫高窟等，无不以其独特的建筑风格、特殊历史背景，反映各自地方的文化魅力，同时也成为各个地方、各个街区的统领。

（5）边界——城墙绿带等。街区的边界是许多关于形态研究中最容易被忽视的重要组成部分，原因在于，中国大部分历史街区在扩张中，与城市其他时期的肌理相互融合，无明确界限，所以在许多研究中未被提及，但值得注意的是，在具有极高历史价值的街区中，边界是非常重要且珍贵的存在，街区的边界主要由珍贵文化遗产古城墙或者是护城河、防御绿带所组成，是重要的历史信息载体。如肇庆的宋城墙，宋城墙是肇庆现存范围最大、历史最悠久的大型文化遗产，同时作为当今中国国内保存较完整的宋城墙遗址之一，城墙毫无疑问是肇庆老城历史街区的重要形态要素。

（三）历史文化街区的价值

《世界遗产公约》对于"价值"做出的解释是，对于世界遗产，价值意味着可被感知的品质。也就是说，价值并不是物质文化遗产本身所固有，而是通过人的认知而赋予，这一概念的建立对本文关于形态价值的探索和评估体系的构建至关重要。

1. 街区的主要价值

形态价值、社会文化价值、经济价值等构成历史街区的主要价值，历史街区的主要价值难以估量，且无可替代，拥有珍贵价值的历史街区是城市中独一无二的稀缺性资源。

（1）形态价值。形态价值是指历史街区物质空间承载的价值，街区的整体空间形态、肌理、街巷布局、公共空间、建筑构造及体型风格，记录着从古到今街区经历的不同历史时期的特色形态变化，蕴含古人选址、城市建设、建筑建造方面的智慧，尤其是其肌理与自然的融合、整体风貌的整体性以及建筑上的雕刻制作等工艺具有极高的美学与艺术价值，受到不同领域专家学者的追崇。

街区的形态价值由于受到不同地域、不同文化、不同历史时期的影响，地域、文化、时间使得不同街区拥有各自独特的形态价值，其中不同地域、文化所形成的形态价值难以衡量，而时间作为可量化并易被认可和接受的因素，成为衡量不同街区价值的一个重要因素。

（2）社会文化价值。除了空间形态令人印象深刻外，历史街区丰富的文化内涵更使其价值更加突出。历史街区作为不同历史时期政治、经济、文化的产物，见证这一片区长久以来文化、思想观念、生活方式的变迁，也体现着不同地域居民的传统民风民俗、伦理道德、审美观念，是独特的文化空间。历史街区的珍贵社会文化价值通常隐含在居民传统生存生活方式、民风民俗等非物质形态之中。如佛山秋色民俗活动，是自明代起为庆祝丰收而举行的以竹竿舞动火龙的游行活动。佛山秋色的制作方法和艺术特色延续至今，秋色还融入了当地的锣鼓柜等民间特色音乐演奏，具有强烈地方特色和浓郁乡土风情，折射出佛山独特的人文特色，是其社会文化价值的体现。

解读历史街区的同时也相当于浏览当地的历史和文化史。历史街区一方面见证区域发展的历史，另一方面展现当代居民的生活网络。

（3）经济价值。历史街区的经济价值主要由两个方面构成：

第一，由于历史街区本身所具有的形态、社会文化等价值，为街区带来的人文旅游的经济收益。历史街区对于不同地域文化的旅游者来说，是感受和了解另类特色文化气息的重要目的地。历史悠久、特色鲜明的历史街区正日益吸引越来越多的旅游者来此游览并带动许多商业活动，进而带来丰厚的旅游收益。随着近来对历史街区的关注越来越多，历史街区的人文旅游备受推崇，如丽江、乌镇、凤凰等地在节假日期间游人如织。历史街区的旅游不但为街区的复苏提供了市场动力，同时促进周边区域乃至整个城市的发展。城市管理者、商业开发者为了追逐快速、高价的商业利益，对历史街区进行过度的商业开发，造成了不可挽回的巨大破坏，原本的生活网络和静谧惬意的独特魅力荡然无存。

第二，历史街区所处的城市黄金地段的土地效益带来的经济价值。中国已经进入城市化率超过50%的快速发展阶段，土地需求旺盛，而城市一般在历史城区的基础上进行单中心的发展与扩张，具有极高保护价值的历史街区大多位于寸土寸金的城市中心区，这里的人流、车流、建筑物的密度最高。

2. 街区的形态价值

本书所阐述的形态价值主要考量某一时期的街区形态与历史相比，其原真性和完整性的遗存与变化程度。历史街区的形态价值评估衡量的标准主要有两个方面：一方面是它的历史赋予的价值，建造年代越久远，其蕴含的价值更加珍贵，其诞生年代的久远度就是街区的本体价值；另一方面是街区蕴含价值的形态载体（建筑、街巷等）在更新以及快速城市发展的折损后，其价值的原真性和完整性保留程度，即表征价值。

（1）本体价值。本体价值是稳定的评价因素。由于历史文化街区本身具有的价值多而复杂，均具有独特的价值，立足于形态价值视角，街区形态最本质最重要的价值在于"时间"，历史街区的诞生时间是其形态价值的重要本体。此外，将诞生年代和历史久远的建筑规模遗存度纳入形态价值的本体评估之中。

（2）表征价值。表征价值是动态的评价因素，衡量的是历史街区在经受时间的洗礼后的形态变化程度。历史真实性的定量标准主要从历史街区内建筑的年代来分析。

（3）形态价值变化。历史街区形态价值最高的时候即是街区的诞生和其形态最具特色的时期，而后，随着时间的推移，自然界如日晒雨淋的侵蚀使街区的形态受到不可避免的减损，部分倒塌的房屋被释放出来作为街区的公共活动空间，同时，由于人口的增加，居民出于对生活空间的需求而对房屋进行一定扩建，因而在近代发展中，街区的形态价值主要因为自然侵蚀、居民改造和公共空间释放而有较少程度的折损。到了现代，由于快速城市化的发展需求，道路扩建、开发压力令街区的形态价值急速下降。

历史街区的形态价值自其诞生开始，在漫长的岁月中呈现下降趋势，由近代的缓慢下降到现代的急速减少，作为珍贵的历史文化资源，街区的形态价值必须引起足够的重视和有力的保护。

二、历史文化街区价值评估的体系构建

（一）价值评估指标选取的原则

（1）科学性原则。遵循科学性的原则，指标的选取要避免主观臆断，应遵循理论研究和专家实际经验，采用科学的选取方法，尽量避免系统性误差，真实反映历史街区产业价值的特点和属性。指标体系的设计既要对历史街区产业价值的含义和范围做一个科学系统的界定，又要保证指标间不互相重叠，能够客观表现出子系统和指标间的相互关系。

（2）全面性原则。历史街区产业价值评估指标体系的构建应当作为一个系统性的问题进行考虑，对产业价值做出全面性的考虑。指标的选取和设置应当满足不同准则层和上级指标的设置要求，不能以偏概全。历史街区产业价值应当从历史街区针对产业的内生价值和外延价值这两个大的构成方面来考虑，保证评价结果全面地、综合地、准确地反映产业价值。

（3）层次性原则。研究的城市历史街区产业价值，是一个多层次的体系问题，其指标体系可以从多角度来考虑，本书主要从内生性和外延性两个层面来考虑：内生性层面的指标体系反映历史街区自身所具备的产业因素；外延性层面的指标则是从历史街区因具有一些产业，为了发展产业和盈利，而延伸出来的一些产业因素。

（4）可行性原则。在设置指标过程中，要充分考虑到指标在评价对象时

能够做比较，并且指标的意义要明确，整个体系的设置要具有逻辑性。指标也要具有可获取性，使评价对象在项目中的表达方式能被量化描述，作为指标体系的一部分而存在。

（二）价值评估指标选择的类型

以波特"钻石模型"为基础，结合历史街区产业价值构成的实际情况，以文化价值、传统技艺价值、资源价值、环境价值、经济商业价值、创新价值为准则层进行分析，初步建立一个分析模型。

波特钻石模型认为生产要素、需求条件、同业竞争、相关及支持产业四个要素具有双向作用。借用到产业价值中，对应文化价值、资源价值、传统技艺价值、环境价值四个要素具有双向作用，共同决定历史街区产业价值。创新价值和经济商业价值相互作用，与其余四个价值也存在彼此之间的联系。六个价值共同构成了历史街区产业价值。

1. 反映文化价值的指标类型

（1）文化影响力。指人们对该街区的历史文化典故的熟悉程度。一处历史街区往往存在相当数量的影响力有深有浅的历史典故和文化事迹，这是历史街区存在的文化依据。这为历史街区带来文化底蕴的同时，也带来了社会大众对这个历史街区的关注，从而形成了近至周边城市，远至海外的影响力。

（2）历史风貌价值。指历史街区以整体风貌展示某个历史时期典型风貌特色的完整度。游客能够通过置身历史街区中，从建筑、民俗、人文氛围等营造出来的整体风貌，感受到过去的某个历史时期的真实生活。

（3）文化情感价值。指历史街区所带来的文化情感上的延续和深层的归属感。历史街区往往凝聚着一个地区的文化精髓，历史街区的留存为该地区及周边的原住民留存着地域文化情感认同，并有精神和历史宗脉层面的认同，这就是文化情感和归属感。

（4）文化独特性。指历史街区的民俗文化、文化习俗独具特色。世界不同地方的历史街区，都具有地方特色的民俗文化和文化习俗，又因为地理、文明发祥等的不同，形成了互不相同的民俗和习俗。即便在同一片文化地区，在漫长的历史发展过程中，不同街区的民俗与习俗也会产生各自的差异，独具特色。

（5）文化久远程度。指历史街区文化的时间跨度，如建筑的建造年代以及民俗的传承时长等。历史街区的产生与发展伴随着文化的发展，从聚居人口开始就产生的文化，其久远程度势必对一个地区产生影响，具体表现在建筑的风格特征、民风民俗中、居民的处事性格上等。

2. 反映传统技艺价值的指标类型

（1）传统民间工艺保持度。历史街区对当地传统民间工艺的沿用、传承和保留程度。历史街区的传统民间工艺不仅是历史街区活化的一部分，也是当地特色文化的活的体现。传统民间工艺不仅具有吸引游客的作用，更有由此衍生出传统产业形成经济效益的作用，并能在整体上提升历史街区的价值。

（2）传统生活习俗保持度。历史街区居民对当地原始的民风民俗的传承和保留程度。历史街区的历史文化底蕴的一部分由原住民通过生活习俗保留下来，这部分习俗往往停滞在某个历史时期，与现代的生活习惯已经迥然不同，正因为这种停滞，留存下来了只属于该历史街区的印迹。

（3）传统建筑独特性。指历史街区内传统建筑在建筑结构、施工工艺、使用材料上的独特性，以及细部的艺术性。传统建筑在结构、工艺、材料上所折射的就是历史街区的文化底蕴、文化特征、施工工艺等内容，这部分内容能够展现历史街区的源文化。

（4）传统建筑完好度。指历史街区内传统建筑保存的完好程度。该指标衡量的是历史街区内传统建筑保存的完好程度。完好程度一方面能够体现历史街区的研究价值，另一方面也能作为衡量现在该历史街区具备的开发条件以及吸引游客消费者的魅力值。同时，保存越完好，自然更具有艺术性，更有观赏性。

3. 反映资源价值的指标类型

（1）文物古迹。指历史街区内的各级文保单位和具有一定历史价值的各类古迹。历史街区内的各级文保单位包括全国文保单位、省级文保单位、市级文保单位，以及一些城市的控保单位。历史街区内的各类古迹，包括古典园林、古宅、桥梁、祠庙殿阁、古塔寺观、古城墙城门、石碑石像等。这类文保单位和古迹一方面具有历史研究价值，另一方面具有吸引游客观赏缅怀的功能。

（2）风貌资源。指历史街区内原生的，具有观赏旅游价值的且具有旅游开发性的资源。如河道、山峦、海景等。在历史街区的较大范围内，外表面所具有的各类原生的河道、山峦、景观等，都是先天存在的资源，这和由人类文明产生的各类文物古迹具有本质区别，这类资源为人们所用而形成人口聚居的街区。很大程度上，风貌资源是历史街区形成的本源所在。

（3）物质特产资源。指能够成为经济效益并产业化的当地盛产的自然资源。如蚕丝，海产，矿产等。定义为历史街区的范围内，往往有独具特色的产业或者产品，这类产业和产品的取材通常取自当地。原产地商品产业化，这就有利于降低成本并大量的量产。此类当地的特产资源，是促进历史街区人口聚居并形成产业的源动力。

（4）建筑物可利用程度。指历史街区内传统建筑可作为商业用途的利用率状况。考察的事历史街区内各类传统建筑可作为商业用途的利用率，数量，这决定了历史街区所具有的商业体量以及能够带来的经济效益。历史街区内作为主要留存的建筑物，其原本在久远的过去大多是作为居住功能来为人使用，但随着时间的推移和历史街区功能结构的变化，逐渐作为它用。目前，对部分建筑物再开发，若有效利用，还可节省一部分改造过程中的建筑材料耗费。

4. 反映环境价值的指标类型

（1）环境整体质量。指街区及其周边范围整体的环境质量。历史街区不是孤立存在的一片区域，其处在城市中同时与更大周边范围的环境融合在一起，其与周边环境形成了一个更大范围的环境，整体环境质量就是用来考量历史街区及其周边环境的情况。

街区中景观所形成的独特环境的可观赏性。整个历史街区可作为一个艺术品来界定，历史街区首先要给游客感官上的美好印象，历史街区才能具有在基本吸引力以外的其他方面价值。

（2）空间风貌布局。指街区整体布局的合理性和艺术性。历史街区在规划整体布局上的合理性，街区内亭台楼阁等景观所具有的艺术性。历史街区在街坊、道路、交通的整体布局上，一方面体现的是历史风情和生活习惯；另一方面体现的是能人巧匠的规划构思。亭台楼阁所体现的艺术性则是历史街区的活画卷。

（3）街区整体环境卫生。指街道、建筑物外立面、公共设施的保洁清扫和维护。历史街区整体的清洁卫生程度，事关历史街区的自身定位，也是城市形象的展示。对历史街区设施的维护，则是对街区外表面进行保护的一部分。

（4）相对区位的重要性。指历史街区所在城市的区位优势，以及历史街区在该城市中的区位的独特性。地域文化的形成与先天优势的区位不无关系，城市的形成也是伴随着文明的进步，

历史街区所处的城市区位优势，影响着街区内生文化的底蕴，而历史街区在城市中的相对区位，决定了该历史街区在整个城市文化中的地位和特征。

（5）旅游环境吸引力。指历史街区整体环境可开发旅游业的程度和对游客的吸引力。历史街区作为旅游业的开发对象，是历史街区产业价值中重要的一部分。历史街区可开发旅游业的程度，以及该历史街区吸引游客旅游的程度，均是历史街区环境价值中的应有之义。

（6）交通便利性。指从周边前往历史街区的交通便利性。历史街区不是孤立存在的一块区域，其在城市中的位置或核心或偏僻，交通便利度因此各异。

（7）配套设施齐全度。指历史街区内的配套设施，包括街区内的便民设施、安全设施、残疾人专用设施等。便民设施包括休息座椅、公共厕所、垃圾箱、信息指示牌等。安全设施包括经纬设施或安全监控系统、消防器材等。残疾人设施主要是盲道。

5. 反映经济商业价值的指标类型

（1）产业经济因素。包括产业竞争力和市场规模。产业竞争力指历史街区已存在的传统产业的竞争力。历史街区内原本存在的传统工艺，传统技术等形成的传统产业，这类产业所具有的区域竞争力，影响力，市场份额等。

市场规模指历史街区所具有的如旅游业、文化产业等产业的规模大小。历史街区所具有的各类产业的市场规模大小，这类产业包括所有由历史街区自身形成或开发挖掘出来的各类产业，包括旅游业、文化产业、传统产业等。

（2）业态因素。包括业种、业态的多样性和业态的数量。业种、业态的多样性是指历史街区内所具有的业种、业态的种类总量（种）。历史街区内往往具有各种业态的店铺来满足游客各方面的需要，如吃、游憩、纪念等。业种、业态的种类在一定程度上能够衡量历史街区的商业价值。业态的数量是指历史街区内所具有的商店总数量（个）。历史街区内往往具有各种业态的店铺来满足游客各方面的需要，而同行业间的良性竞争，有利于游客享受到更优质

的商品和服务。历史街区内商店的数量，也是衡量历史街区商业繁荣度的要素。

（3）商业因素。包括商业关联融合度和市场载体作用。商业关联融合度指历史街区内商业的经营主题与历史街区整体格调的关联和融合程度。历史街区各类商店经营的主题商品各有不同，而一个历史街区必然有其独具特色的传统文化和产业。商店经营产品主题和历史街区整体格调的关联度和吻合度，是商品是否具有差别性特色经营优势，游客是否愿意买单的要素。

市场载体作用指利用历史街区的独特区位和文化特质，发展为消费集聚区的价值。由于能够凭借自身优势来招徕人气，历史街区往往能作为一个消费区而存在，考察的是这部分可开发利用的价值。

6. 反映创新价值的指标类型

（1）新技术的融合程度。指历史街区内传统工艺、特色产业等与现代技术融合的程度。传统工艺具有原真性和历史留存价值，但势必会经受不住工业社会量产化所带来的巨大冲击，这就需要传统工艺经历一个革新。历史街区内大量传统工艺和特色产业之所以保留下来，是仍然占据着地区的一隅市场，但也无从拓展。引入新技术，保留旧传统中的精华，有利于产业发展，提升产业价值。

（2）新理念的渗透度。指历史街区内传统房屋建筑、传统业态等引入现代新理念，使房屋功能现代化，产业发展新型化的程度。历史街区是个保留传统的地方，这包括对于房屋建筑，传统业态的保留，但新时代需要新的活力，对历史街区的房屋建筑和产业引入新的理念，有利于传承与保留。

（3）新文化的导入。指历史街区传统文化的传承与弘扬中引入了现代文化元素，如依赖现代媒体传播。历史街区文化的传承更多的是依靠口口相传，虽然久远却也容易局限并发生以讹传讹。引入新的传媒手段，如电视传媒、网页等，有利于文化的更大范围传承与科学系统的保护。

（4）智能化设施和手段。指历史街区内智能化装置、设备、技术的运用。如现代监控设备、现代水质监测设备、现代商业设备的运用，如手机 App 的引入，微信扫一扫、支付宝付款等。

第二节　历史文化街区的展示体系建设

一、历史文化街区的展示原则

（一）历史真实性

真实的文化遗产是历史文化街区的内涵，是不可再生的资源。作为物质载体的街区来说，文化资源是发展文化旅游、带动地方经济的重要依托。对街巷功能定位与业态进行调整，加强对街区文化遗产的保护。在保护的基础上做好展示与利用的工作，将文化遗产的保护与时代发展有效地融合到一起。历史文化街区作为物质与非物质文化遗产的载体，应保持原有遗存的原真性，使街区内的文化资源完整传承。

（二）风貌完整性

历史风貌是衡量历史文化街区完整性的重要指标，街区内的历史建筑、景观环境都能体现出历史风貌的特征。展示街区环境的完整的历史风貌是保护工作的重要目的。保护历史文化街区的完整格局和历史风貌，展示街区内原有的历史环境与建筑风貌，既要保护物质文化遗产，也要注重发掘、展示、传承非物质文化遗产。历史文化街区需着重保护核心区域的历史风貌，以原貌展示为主，减少人为干预。

（三）生活延续性

通过整治历史环境，提升街区功能，改善基础设施、公共服务设施，构建和谐社区，焕发街区社会生活的活力。历史文化街区经济的繁荣，街区格局及其文化的形成，均与地域文化有着直接或间接的联系，地域文化决定了街区文化与场所的独特性。传统的生活环境与生活方式在街区文化传承方面有着承上启下的作用，既能体现历史街区文化的根基，又可以增强当今社会发展的凝聚力与吸引力。通过对街区传统生活习俗的潜力挖掘与优化，去粗取精，能够实现文化与生活的双重提升。

（四）精品高质量

按照"精品线路"的高品质、高质量要求，对不协调、不真实、无风貌的建筑物、构筑物、景观环境一律予以整治改造。准确定位每条历史街巷的身份特征，挖掘街巷潜在的价值，而这种价值需求应是当地居民的实际需求，满足当地居民的基本生活，包括就业与消费。商业街巷应保留传统业态，延续历史文化，同时寻求传统与现代的结合点，如传统文化及特色产业衍生创意产品，通过这种"精品线路"的打造，以此来提高历史文化街区的文化品质。

二、历史文化街区的展示方式

历史文化街区是一个环境复合体，包含要素众多，从文化遗产构成来看，街区的展示应该秉承传承文化为主，多方位展示文化资源，将历史文化街区所蕴含的价值分门别类地展示给公众；从街区居民居住状况来看，展示不仅仅是文化需求，更应该是街区整体环境提升的诉求，在保护文化资源不受破坏的前提下，加强街区环境整治，改善居住设施水平，创造良好的生活环境，将一个底蕴深厚、环境优美的历史文化街区完整的展现在公众面前。

（一）建筑外立面的展示

对街巷沿街建筑采取分类整治展示措施：

（1）清理修缮：对历史文化街区的街道立面风貌进行整治，首先将传统风貌完好的建筑及协调的当代建筑，进行局部的清理修复，但要在保持外观风貌不被破坏的前提下，对建筑外观进行较小强度的改善，修复加固建筑本体，保护修复建筑传统构件与要素，如用传统式样的门窗替换现状不协调式样的门窗、局部增加斜撑等传统建筑细节、改善；清除无价值的现代添加物，如广告牌、电线、遮阳棚、晾衣杆等，清洗被粉刷的墙面，保持传统的青灰砖墙式样，并延续其原有功能。

（2）保留原状：保留建筑基本不予整治改造，可保持现状，确有破损的可以予以相应修复，但应基本保持原貌。功能上基本延续现状，与规划功能业态不符的应做相应调整，并延续其原有功能。

（3）整治改造：将与整体历史风貌不协调的建筑进行整治改造。如新建的钢筋混凝土建筑、外立面为现代瓷砖式样的房屋等。对建筑外观进行较大强度的改造，以使其与街道的传统风貌相协调，如增加传统式样的坡屋顶，使用传统式样的门窗替换现代式样的门窗，改善立面而局部增加或减少门窗，更换建筑构件等，运用多样改造方式对不协调建筑进行风貌重塑，可赋予其新功能。

（4）拆除重建：对沿街无历史风貌并无法赋予新功能的建筑，采取拆除重建的措施。整体拆除现状建筑，使用传统材料、工艺和做法原位重建传统式样的建筑，建筑高度应不超过原有建筑，并进行一定的风貌控制，同时满足上位规划（名城保护规划及街区保护规划）的风貌控制要求。

（5）拆除不建：对无历史风貌、违规违建的房屋，以及需要作为开放空间的、同时体量较小的建筑可以拆除不建。拆除后不影响街巷的肌理与传统的空间感受。作为丰富景观和满足游憩需求的开敞空间，设置相应的游憩设施和标识，如座椅、旅游标志牌、街巷与古城历史文化展示标牌等，对其重新打造传统历史风貌。

在外立面整治设计中，应在保持亳州北关历史文化街区整体特征的前提下，进行整治设计；既有建筑的外立面整治一般应保持原建筑物的色彩，不宜主观刻意改变，色彩要与周边建筑整体环境相协调；在保证材料和工艺质量的基础上，要与周边历史建筑总基调保持一致，以形成稳定的色彩环境。因此建筑改造与展示设计方案应借鉴亳州老城最常见的传统风貌特征，同时也可融入亳州特有的民国建筑风格，丰富沿街里面建筑形式。

（二）街区景观环境整治

街区的景观整治是历史文化街区整治改造的首要目标，也是最终目的。建筑风格的统一、民俗文化的物质展示、街区公共服务设施以及道路导视系统等等，都是街区景观环境重要因素，从风格到方式上，集中体现着历史文化街区的整体风貌。大到街道整治，小到道路铺装设计，细节的处理对老街整体氛围的营造有很重要的意义。建议以老街城门为入口，在十字交叉处设一停车场，配以街区概况解说系统，结合传统特色商业，打造开门见山的效果；路口主要建筑在保持原有建筑风格的基础上设立传统的特色民居，营造传统的生活氛围。拆除撤掉乱接乱搭的电线电缆，以及影响视线的广告牌、遮雨棚等，规范老街居民的日常生活，改善居民生活条件，防止居民占用公共街道晾衣、生火烧饭，营造良好的历史文化街区氛围。街道铺装设计道路铺装铺砌的总体原则：铺装应与传统风貌相协调，突出韵律感。兼顾砖、石及砖石组合不同的铺装材质，色彩上以灰色为主。铺装应根据人行道环境、街巷的不同而有所变化，增强识别性和引导性。石材建议采用色泽可保持百年的花岗岩。铺装用砖建议采用生态透水砖，可保持地表水循环的多项功能。同时，街道铺装应根据不同宽度采取不同的铺砌方式进行多样化设计。

结　束　语

随着近年来城市化的推动，历史街区的保护更新工作也推向了一个新的高潮，然而大规模保护更新建设的开展必然会出现随意拆建的弊端，有价值的街区没有得到应有的保护，有特色的街区没有得到更好地展现。而对于文化资源是该保留还是该拆除、是该着重于保护还是该进行更新再利用，是该推翻重建还是原貌修复的观点也是众说纷纭。通过这些年对各种保护更新建设方式的尝试，意识到历史文化街区是不可复制的，即使某些文化资源可以通过重建或恢复等方式重新获得，但不能复制文化资源的本质，因此更多的呼声倾向于对历史文化街区进行保护，而且更多需要的是对历史街区风貌的复兴与保护，这样才能更好地发掘和利用文化资源价值，更好地保护历史文化街区。

参 考 文 献

［1］曾诗晴，谢彦君，史艳荣.时光轴里的旅游体验——历史文化街区日常生活的集体记忆表征及景观化凝视［J］.旅游学刊，2021，36（2）：70-79.

［2］虞跃，苏童，李哲.城市历史文化街区和历史建筑调研方法研究［J］.建筑技术，2020，51（1）：44-47.

［3］孙菲.从空间生产到空间体验：历史文化街区更新的逻辑考察［J］.东岳论丛，2020，41（7）：149-155.

［4］祝遵凌，李丰旭.商业街区景观中历史文化传承与发展——以南京老门东为例［J］.装饰，2020，（10）：124-125.

［5］侯志强，曹咪.游客的怀旧情绪与忠诚——历史文化街区的实证［J］.华侨大学学报（哲学社会科学版），2020，（6）：26-42，79.

［6］杨亮，汤芳菲.我国历史文化街区更新实施模式研究及思考［J］.城市发展研究，2019，26（8）：32-38.

［7］肖竞，李和平，曹珂.价值导引的历史文化街区保护与发展［J］.城市发展研究，2019，26（4）：87-94，封2-封3.

［8］陈品祥，张翼然，贾光军，等.北京历史文化街区建筑第五立面特征分析［J］.测绘通报，2019，（12）：128-131.

［9］马云晋.历史文化街区保护与利用的三个关键［J］.人民论坛，2019，（25）：50-51.

［10］萧清碧，林岚，谢婉莹，等.历史文化街区旅游商业业态分类及开发实证研究［J］.福建师范大学学报（自然科学版），2017，33（4）：81-

91.

[11] 吴兴帜，彭博.论文化遗产的价值分层 [J].中南民族大学学报（人文社会科学版），2021，41（02）：50-57.

[12] 贾秀颖，李鑫荣，蔡秀雯.基于协同理论的洛阳世界文化遗产旅游发展策略 [J].区域治理，2019（37）：254-256.

[13] 高小燕，段清波.传承与传播：物质文化遗产价值的可沟通性 [J].人文杂志，2019（02）：77-84.

[14] 余池明.习近平文化遗产保护思想及其指导意义述论 [J].中国名城，2018（04）：4-10.

[15] 刘艳，段清波.文化遗产价值体系研究 [J].西北大学学报（哲学社会科学版），2016，46（01）：23-27.

[16] 丁美燕.河南传统历史文化的现代传播 [J].漯河职业技术学院学报，2014，13（04）：126-128.

[17] 赵静.增强文化传播能力推动中原城市发展——以河南为例浅析区域经济发展中文化要素的传播策略 [J].中州大学学报，2012，29（01）：9-12.

[18] 张倩.历史文化遗产资源周边建筑环境的保护与规划设计研究 [D].西安建筑科技大学，2011：37-79.

[19] 李天姣.地域形象与文化符号传播研究 [D].上海：复旦大学，2013：10-41.

[20] 刘承."文化高地"战略背景下河南历史文化遗产保护、开发与利用的实施路径 [J].洛阳师范学院学报，2020，39（07）：33-37.

[21] 常青，刘培.乡村振兴战略背景下"马街书会"的传承与创新 [J].黑龙江生态工程职业学院学报，2020，33（04）：33-36.

[22] 李芳芳.河南历史文化遗产法律保护研究 [J].重庆理工大学学报（社会科学），2014，28（02）：51-53.

[23] 杨黎艳，李海涛.安阳建设殷商文化旅游产业集聚区的战略思考 [J].法制与社会，2012（26）：181-182.

[24] 李霞，朱丹丹.谁的街区被旅游照亮中国历史文化街区旅游开发八大模式 [M].北京：化学工业出版社，2013.

［25］杨傅聿，杨子奇．生态文明视角下的历史文化街区保护研究——以湖州
小西街为例［J］.美与时代（城市版），2021（01）：42-43.

［26］刘晓娜．基于包容性发展理念的历史街区公共空间复兴研究［D］.郑州：
河南工业大学，2020：21-32.

［27］王颖．文化意象视角下历史文化街区的保护与传播发展研究［J］.国际
公关，2019（10）：279-280.

［28］兰伟杰，王玲玲．历史性城市景观视角下多元风貌街区保护方法研
究——以九江庾亮南路历史文化街区为例［J］.中国名城，2019（04）：
71-77.

［29］刘逸芸．地方建构视角下历史文化街区的保护与利用研究［D］.广州：
华南理工大学，2018：32-38.

［30］才华．文化生态视角下历史文化街区的保护研究［D］.开封：河南大学，
2017：9-22.

［31］李津莉．规划管理视角下天津历史文化街区保护规划实施评价［J］.上
海城市规划，2016（05）：19-25.

［32］杨涛．历史性城市景观视角下的街区可持续整体保护方法探索——以拉
萨八廓街历史文化街区保护规划为例［J］.现代城市研究，2014（06）：
9-13+30.

［33］张照苿．历史文化街区活化对城市形象的建构［D］.长春：吉林大学，
2019：21-55.

［34］孙文．历史文化街区保护规划历程及新时代优化策略［D］.合肥：安徽
建筑大学，2018：21-22.

［35］秦岩，潘琳，赵启明．历史文化街区保护现状与居民意愿调查研究——
以北京市东城区为例［J］.城市发展研究，2015，22（10）：11-14.

［36］卓健．历史文化街区保护中的交通安宁化［J］.城市规划学刊，2014，
（4）：71-79.

［37］张琳，束昱，路姗．城市历史文化街区地下空间开发利用的规划理论与
关键技术研究［J］.城市发展研究，2014，21（7）：79-83.

［38］郭凌，王志章．历史文化名城老街区改造中的城市更新问题与对策——

以都江堰老街区改造为例［J］.四川师范大学学报（社会科学版），2014，（4）：61-68.

［39］吕怡琦.历史街区文化创意产业的发展及驱动力－以北京南锣鼓巷为例［J］.商业时代，2014，（24）：134-135.

［40］王恒.历史文化街区综合评价及保护利用研究——以旅顺太阳沟为例［J］.国土与自然资源研究，2014，（2）：78-82.

［41］谢涤湘，常江，朱雪梅，等.历史文化街区游客的地方感特征——以广州荔枝湾涌为例［J］.热带地理，2014，（4）：482-488.